VIIIᵉ CONGRÈS

DES

AMICALES DE L'ENSEIGNEMENT LIBRE

DE LA RÉGION DE L'EST

TENU A VESOUL

sous la Présidence d'honneur

de Mgr GAUTHEY, Archevêque de Besançon

LE 21 JUIN 1913

VESOUL
IMPRIMERIE ET LIBRAIRIE LOUIS BON

1913

VIIIᵉ CONGRÈS

des Amicales de l'Enseignement Libre

DE LA RÉGION DE L'EST

Président d'honneur : Mgr GAUTHEY, archevêque de Besançon

Le VIIIᵉ Congrès des Amicales de l'*Enseignement libre de la région de l'Est* s'est ouvert à Vesoul le 21 juin 1913 sous la présidence d'honneur de Mgr GAUTHEY, archevêque de Besançon, et la présidence effective de M. le chanoine SAUNIER, curé-doyen de Vesoul.

14 Associations s'y trouvaient représentées, savoir :

Vesoul	Amicale des Anciens élèves de l'école secondaire de Saint-Remy.
	Amicale des Anciens élèves des Frères de Vesoul.
Dijon	A. E. F. de Dijon.
	A. E. F. de l'école Saint-François de Sales.
	A. E. F. de l'école Saint-Ignace.
	A. E. F. de l'école Saint-Nicolas.
Besançon ..	A. E. du Collège Saint-François-Xavier.
	A. E. F. de Besançon.
Langres ...	A. E. F. de Langres.
Malroy	A. E. de Malroy.
Dole	A. E. F. de Dole.
Saint-Dié..	A. E. de l'école Saint-Martin.
Gy	A. E. de l'école Ménans.
Belfort	A. E. de l'Institution Sainte-Marie.

Pour être complet nous devons signaler la présence officieuse d'une Amicale non encore adhérente, mais qui nous a promis son prochain concours par l'organe de son président, M. Bruneau, je veux parler de l'Amicale des Anciens élèves de l'école pratique d'agriculture de Saint-Remy-Grangeneuve.

Les anciens élèves adhérents de toutes les Amicales représentées au Congrès sont au nombre de **3.500** environ, non compris ceux des Amicales de Belfort et de Saint-Remy-Grangeneuve.

Ont pris effectivement part aux séances d'études :

MM.

Le chanoine Saunier, curé-doyen de Vesoul ;

Mack, Deroche, Henry Poupon, Pillot, Poufler, Chevignard, Morniroli, de Dijon ;

Eugène Bergeret, A. Pinot, P. Sandoz, Ragot, Auguste Bergeret, Paul Bergeret, Lamboley, F. Delorme, Charles Petit, Célestin Blanc-Garin, Louis Bisotey, Mizony, Adeleine, Marcel Renahy, de Vesoul ;

Barraux, Henry Arranger et Villain, de Dole ;

Bourgond et Maîtrier, de Langres ;

Grosperrin, Denizot, Journot, Lezan et Tarby, de Besançon ;

Edouard Meyer, de Gy ;

Le chanoine Leblond, de Malroy :

Le très cher frère Régis, de Saint-Claude-les-Besançon ;

Féjat, rédacteur en chef du *Nouvelliste de la Haute-Saône*.

Bailly, rédacteur du *Réveil* et de la *Brigade de Fer* ;

Colle, de Belfort ;

Bruneau, de Flagy.

Après vérification des pouvoirs, la séance d'étude s'est ouverte à la maison Saint-Jean, dans la grande salle du premier superbement décorée de drapeaux français et pontificaux ainsi que d'oriflammes de Jeanne-d'Arc.

M. le Curé de Vesoul, représentant l'Archevêque de Besançon, présidait, ayant à ses côtés MM. Mack, Deroche, Bergeret Eugène, et Delorme.

Après la prière, M. le Curé a pris le premier la parole en ces termes :

Allocution de M. le Curé

Messieurs,

Monseigneur l'Archevêque de Besançon serait à ma place pour vous présider, s'il n'avait dû assister à Besançon à la grande fête des Sociétés catholiques de musique et de gymnastique qui s'y tient ce soir et demain.

Délégué par sa Grandeur pour occuper le fauteuil de la présidence, j'ai donc l'honneur d'ouvrir ce congrès régional, le huitième des Associations des anciens élèves des Frères et de l'enseignement libre catholique de la région de l'Est.

Et tout d'abord je souhaite la bienvenue à M. Julien Mack, votre distingué président, et à vous tous, qui, après avoir été les meilleurs élèves de nos écoles chrétiennes, êtes devenus les intrépides défenseurs de la liberté de l'enseignement.

Je salue avec une respectueuse sympathie le cher Frère Régis, dont la présence à elle seule est un gage de succès pour ce congrès et dont l'habit ravive dans nos âmes les plus délicieuses émotions du passé.

Vous nous avez fait un grand honneur, en même temps qu'un très sensible plaisir, en choisissant pour votre lieu de réunion, cette année, la paisible capitale de la Haute-Saône.

Dieu me garde d'avancer que nous ayons mérité cette préférence plus que toute autre ville ! du moins je me permettrai de vous rappeler que cette cité, avant la période contemporaine que nous venons de vivre, fut déjà le champ clos où s'est agitée la question de l'enseignement.

Si pauvre que soit son histoire, il s'y trouve noble combat et mémorable succès au profit de la cause dont vous êtes actuellement les champions.

C'était à l'époque de la Réforme. Les apôtres du nouvel Evangile se vantèrent d'abord de surprendre la ville de Vesoul et de la détruire. 221 citoyens se levèrent aussitôt et déconcertèrent l'attaque armée. Les Luthériens recoururent alors à un autre moyen et résolurent de corrompre les esprits par l'enseignement.

Ils firent pénétrer dans la ville deux de leurs émissaires : Nicolas Selvit et Nicolas Bucheron, hommes, dit le chroniqueur, à belles manières et beau langage, qui se mirent à tenir école et à faire des lectures publiques. Mal leur en prit. Le premier fut chassé au bout de deux ans par le peuple ; le second, poursuivi pour crime d'hérésie, réussit à échapper par la fuite aux coups de la justice. L'insuccès de l'un et de l'autre avait été complet ; pas un prosélyte, pas un apostat, fidélité universelle et attachement inviolable à l'enseignement.

Cette fidélité de nos pères à la doctrine traditionnelle de l'Eglise, vous allez par votre présence et vos discussions lumineuses l'affermir dans leurs descendants ; nous sentons que vous venez nous inspirer un zèle tout nouveau pour la défense et l'organisation de l'enseignement libre.

Aussi, soyez-en assurés, si nous nous sommes levés à votre arrivée parmi nous, ç'a été pour vous tendre une main amie, vous offrir une fraternelle hospitalité et vous assurer d'avance que nos cœurs et nos esprits sont conquis à la cause dont vous êtes les vaillants défenseurs.

Ces éloquentes paroles sont soulignées d'applaudissements unanimes.

RAPPORT DE M. MACK

La parole est ensuite donnée à M. Mack, Président de de la Fédération de l'Est pour exposer la situation générale de l'Union régionale pendant l'année actuelle.

M. Mack s'exprime en ces termes :

Monsieur le Chanoine,

Avant d'utiliser la parole que vous me donnez si aimablement, laissez-moi, Monsieur le Chanoine, vous présenter mes respectueux hommages et vous témoigner de ma gratitude d'avoir bien voulu honorer le Congrès de

Vesoul, en mettant au service de la Présidence, votre généreuse et bienveillante autorité.

J'ai le devoir, Messieurs, de vous présenter les excuses de M. Paul Blanchemin, président du Comité général, qui avait promis de se joindre à nous ; les obligations nombreuses qui lui incombent à cette époque de l'année ont mis une barrière infranchissable à son désir d'être notre hôte. Nous devons regretter amèrement ce cher absent ; avec son autorité et son expérience de nos milieux, il nous eut apporté la précision, la clairvoyance, l'à-propos dans la discussion qu'il sait émailler, avec tant de charme, de sa chaude éloquence et des éclairs de sa foi communicative.

Nous avions invité notre remarquable et distingué ami Fougère, l'incomparable apôtre de l'œuvre qui nous groupe aujourd'hui, bien que le sachant débordé d'engagements ; gentiment — ce brave ami s'excuse de nous désobliger en fournissant toute la série des réunions auxquelles il doit assister, et cette série, vous pouvez m'en croire, peut suffire à absorber l'énergie de trois des plus dévoués d'entre nous.

Je suis heureux de souhaiter une affectueuse bienvenue au C. F. Régis, il nous apporte le précieux réconfort de sa bonne amitié et le charme de la vue d'un costume aimé et respecté que nous ne sommes plus accoutumés, hélas ! à saluer journellement, et ce nous est une joie dont nous lui savons bon gré.

Je dois à nos amis de Saint-Remy, chargés de la préparation du Congrès, un juste tribut d'éloge pour le labeur qu'ils ont fourni et le succès qui récompense leurs efforts, car bien qu'à l'aube du Congrès, nous pouvons pronostiquer, par la précision et la prévoyance qui ont présidé aux moindres détails de son organisation, ce que sera l'œuvre finale et l'heureuse impression que nous en emporterons tous.

Monsieur le Président,
Messieurs,

La situation générale de l'U. R. de l'Est reste bonne avec une tendance marquée à l'amélioration ; chaque année, en effet, nous apporte une ou deux recrues et si nos amis, moins enveloppés de leurs devoirs professionnels et poussés par la nécessité du pain quotidien, pouvaient faire un peu plus de sacrifices en faveur de l'Union, dix à quinze associations d'Amicales de la région, vivant encore dans le plus complet isolement, nous auraient donné leur adhésion pour peu que nous les ayons pressées.

Ce résultat ne peut être atteint que par des démarches directes, à cette condition seulement nous obtiendrons les adhésions vainement sollicitées par correspondance ; et ces démarches, ces sollicitations, chacun d'entre nous, Messieurs, peut, doit les faire, ne laissez pas, je vous prie, entièrement ce soin à votre Comité, aidez-le par votre action personnelle et l'initiative que les circonstances vous permettront de prendre.

Notre Union, ainsi que nos associations d'ailleurs, doit vivre, prospérer et remplir sa fin par la réunion des efforts de chacun de nous ; si nous voulons associer notre force et notre volonté rien ne nous sera impossible, mais encore une fois c'est par des actes qu'il faut témoigner de notre ardeur et non seulement par des paroles. C'est à cette dernière conviction que je voudrais vous amener, Messieurs, et si les congressistes voulaient nous en donner l'assurance en quittant Vesoul, l'Union sous peu en ressentirait les puissants effets.

Bulletin trimestriel

Le Bulletin de l'U. R., grâce à la bonne volonté de nos amis de l'Association de Dole, est parvenu au début de chaque trimestre, à chacun de nous. Avant tout documentaire, notre feuille, c'est un fait, manque d'attrait ; j'ajouterai que la diversité lui fait aussi défaut, mais la faute en est à chacun de nous car si nous y collaborions tous, le Bulletin prendrait un aspect de vie, un attrait d'utilité pratique qui nous le rendrait plus sympathique.

Du bulletin de l'Union on a fait une autre critique. A chaque tirage, vous le savez, les numéros sont envoyés en bloc à chaque Association qui les fait parvenir à ses frais à chacun de ses associés ; ce sont de ces frais dont certaines Associations se sont plaintes, encore faut-il dire que ces observations ont été plus individuelles que collectives, et votre Comité n'a pas cru devoir les retenir : son devoir était de vous les signaler.

Le remarquable et très humoristique rapport de notre ami Tarby au Congrès de Dole, après avoir poudré à blanc de ses remarques vécues, de ses critiques mordantes le projet de création du Bulletin de l'Union concluait, la mort dans l'âme de son auteur, par l'affirmative.

Après une année d'essai du Bulletin, nous entendrions avec plaisir notre vaticineur de Dole nous dire à nouveau son impression et formuler les observations qui justifient ou détruisent les appréhensions d'antan. Le Congrès de Dole a, en effet, décidé l'essai du Bulletin et nous aurons aujourd'hui à nous prononcer sur l'utilité de continuer cet essai ou sur les moyens de modifier la publicité de cette feuille, attendu que pratiquement, il paraît difficile de supprimer le trait d'union, si petit soit-il, qui doit exister entre l'Union, les Associations et chacun de leurs membres.

Office de Placement

L'Office de placement, Messieurs, encore une œuvre de première utilité pour assurer l'avenir de notre Union et rendre, chemin faisant, les services matériels que nous devons à nos camarades embarrassés dans les ronces qui bordent la route de la vie.

Très simple dans son fonctionnement, l'O. P. n'en est pas moins une sérieuse pierre d'achoppement pour votre Comité chargé d'en assurer le service, à raison de l'effort personnel de chaque jour qu'il nécessite, soit pour assurer la permanence, soit pour effectuer les démarches indispensables à l'existence efficace de l'Office, et notamment la rapidité des placements dans les emplois courus.

En marche normale, l'Office peut occuper tous les jours de l'année la bonne volonté d'un homme actif, diligent, expérimenté ; le secrétaire de l'Office doit disposer d'un bon jugement personnel pour apprécier les sujets à placer et leur attribuer les emplois disponibles. Le poste n'est pas une sinécure, mais une fonction délicate et supérieure ; or nos ressources ne peuvent pas indemniser honnêtement l'ami qui acceptera la tâche et les concours successifs qui se sont offerts à nous sont arrivés très vite au découragement par suite d'impuissance.

Le dilemme est angoissant ! Pour en sortir, le choix est court, nous courons seulement la chance rare de découvrir un camarade disposant de moyens d'existence, libre de son temps, possédant le caractère et les qualités sociales requises....

Ce n'est pas plus difficile que ça, et cependant, depuis quelques semaines, ensuite de la démission du secrétaire de l'Office, nous sommes à la recherche vaine du sujet rêvé. Messieurs, je soumets le difficile cas à vos méditations.

Toutefois, entre temps, nous avons réussi à grouper en faveur de l'O. P. régional, un ensemble de ressources appréciables venues, sous forme de subventions annuelles, des Associations dijonnaises Saint-Nicolas, Saint-François, Saint-Ignace, Saint-Joseph et de l'Union des Patronages catholiques de Bourgogne ; cet appoint financier améliore nos moyens d'actions et nous assure en outre, dans bien des cas, des ressources en hommes, en influences et en renseignements éclairés.

Somme toute, la situation de l'O. P. R. n'est pas désespérée et nous prions toutes les Associations de l'U. R. de s'y adresser en toute occasion utile. Quant au secrétariat vacant, nous prions de nous envoyer l'homme... qui ne peut tarder à venir si nous en croyons l'aphorisme « la fonction crée l'organe ».

Comité Général

A la réunion du Comité Général, le 9 février 1913, où les 13 Unions existantes étaient représentées par leurs délégués, de très intéressantes choses ont été dites, en outre des questions de fonds à l'ordre du jour, à l'intention du Congrès national de Lille en 1914.

Je me plais à vous signaler quelques-unes de ces communications dont l'intérêt pratique n'échappera à aucun d'entre vous et dont l'application peut avoir utilité dans nos milieux respectifs :

a) On signale de Lille la circulaire adressée par Mgr Delamaire à tous les curés du diocèse de Cambrai, les questionnant sur les écoles libres et les engageant à promouvoir la création d'Associations, d'A. E. à la suite de chaque école libre.

b) L'idée du Sou des Ecoles libres, exposée au Congrès de l'Union du Nord-Est à Nancy a été fort goûtée par les délégués présents.

c) Dans chaque Union, ne serait-il pas utile de connaître, par les Associations, les aptitudes des adhérents pour les œuvres catholiques et sociales.

d) Le Bureau de Convergence réclame, à l'intention des O. P. R., l'adresse des industriels importants de chaque région.

e) Il serait souhaitable que chaque Association établisse la statistique de ses membres actuellement conseillers municipaux, maires ou adjoints.

Je laisse, Messieurs, ces renseignements à vos réflexions personnelles.

Répartition proportionnelle scolaire

Avec une satisfaction chaque mois renouvelée, nous avons constaté à la lecture des Bulletins de nos Associations, les progrès faits dans l'esprit des conseillers municipaux de France, par l'idée de la R. P. S.

Limités jusqu'ici et légalement aux seuls enfants indigents des écoles libres, les secours municipaux servis encore parcimonieusement, sont un logique acheminement à une répartition équitable et mathématique des ressources budgétaires entre toutes les écoles libres et officielles, au prorata des enfants les fréquentant. Mais étant donné le caractère législatif de la décision à intervenir, et l'état d'esprit de la majorité sectaire et anti-religieuse au Palais-Bourbon, nous devons préparer nos bulletins de vote en vue de modifier dans un sens de nationale et catholique justice, la majorité législative ; nos amis sauront, en 1914, s'employer de leur mieux et avec toute l'ardeur que nous leur connaissons à cette œuvre de saine épuration rendue plus urgente encore après les haineuses discussions soulevées ces jours passés à la Chambre des députés à propos du projet Dessoye.

Aux Associations de l'Union

Des réunions annuelles auxquelles il nous a été donné d'assister, nous avons emporté l'assurance qu'une intelligente activité continue à régner au sein de nos diverses Associations. D'heureuses innovations ont été les fruits de cette activité, mais la protection et l'aide de l'École libre en reste l'objectif principal. Aussi avons-nous la satisfaction de voir, dans notre région, les Écoles libres demeurer prospères, et de plus en plus, la confiance des familles leur être acquise ; si nous relevons ce fait ce n'est pas pour inciter nos amis à une douce quiétude, sorte de léthargie dont les catholiques sont si facilement atteints dès que leurs efforts ont eu quelques succès, mais pour les tenir sur le « qui-vive » !

Oui, Messieurs, de plus en plus, pénétrons-nous de l'obligation de la lutte quotidienne et ce, durant notre existence entière ; léguons à nos enfants comme un patrimoine ancestral, le devoir de continuer la bataille sociale pour la défense des libertés catholiques et françaises, contre la coalition huguenote qui gouverne la France au nom et au profit de l'étranger.

Ne souriez pas de cette affirmation, Messieurs, les preuves surabondent, je ne vous en donnerai qu'une, elle est suffisamment cruelle pour nous : la préoccupation insolemment accusée et tout de même extrêmement significative des pouvoirs publics, de mettre toujours un ministre protestant à l'Instruction publique.

Voilà officiellement affirmé, le mensonge de la neutralité laïque qui n'est au fond, et il faut sans cesse le répéter, qu'une campagne des protestants reprenant en sous-œuvre et par d'autres méthodes, spécialement par l'école obligatoire et soi-disant laïque, les tentatives avortées aux siècles précédents, de substitution du protestantisme au catholicisme.

Nous subissons trop, en France, le mirage des mots sans les définir dans la signification conventionnelle de ceux qui nous les jettent à la face ; changeons de méthode, et à partir du moment où chaque Français saura, à n'en pas douter, que laïque veut dire protestant, l'obsession positivement abêtissante de la laïcité aura fini d'assommer notre pays.
J. M.

RAPPORT DE M. L.-B. DEROCHE

Monsieur l'Archiprêtre,
Messieurs et chers Camarades,

Au 31 Décembre 1912 la situation financière s'établit comme suit :

Recettes :

Reliquat 1911	448 90	
Cotisation des Associations.........	920 95	
Recettes pour annonces dans le Bulletin régional	25 »»	1.394 85

Dépenses :

Cotisation au Comité permanent.....	140 25	
— au Bureau de convergence.	100 »»	
Frais du Congrès de Dole	192 90	
Bulletin régional n° 2	115 80	
— — n° 3	144 20	
— — n° 4	146 70	
Frais de voyage et délégation........	28 10	
— postaux et de bureau..........	33 60	901 55
Balance...............		493 30
Total égal............		1.394 85

En déduisant de la balance le reliquat 1910 l'exercice se solde par un boni de 44ᶠ 40 et un « En caisse » de 493ᶠ 30.

Si nous comparons les différents chapitres du bilan 1911 à ceux de 1912, nous voyons le chiffre des cotisations passer de 693ᶠ 70 à 920ᶠ 95, et celui de nos versements au Comité-Directeur de 155ᶠ 20 à 240ᶠ 25. Cet accroissement de recettes est très encourageant puisqu'il prouve d'une part le développement de notre Groupement et d'autre part l'efficacité toujours plus grande de notre collaboration au Comité directeur.

En continuant notre examen, nous remarquons qu'en dehors des frais de gestion (Congrès et Secrétariat) une somme de 406f 70 a été consacrée au Bulletin régional, alors que pour réaliser les décisions prises au Congrès précédent nous aurions dû dépenser 536f 55 pour les quatre numéros du Bulletin régional et 450f pour la moitié d'une édition d'annuaire commercial et dès lors notre budget s'établirait ainsi : Recettes : 950f ; Dépenses : 1.500 francs.

Si nous voulons conserver la situation de notre trésorerie, nous nous permettrons de vous rappeler les vœux votés au Congrès National de Nantes :

1º Que les Amicales, dès leur fondation, adoptent pour leurs membres actifs un chiffre de cotisation qui se rapproche autant que possible d'un minimum de 5f par an ;

2º Que les Associations, percevant actuellement une cotisation inférieure à ce chiffre, s'efforcent de le lui faire atteindre le plus tôt possible ;

3º Qu'elles y arrivent, si besoin est, par des augmentations successives qu'elles s'efforceront de justifier par des créations de services nouveaux ;

4º Que les dirigeants des Amicales, pour atteindre ce but, ne négligent aucune occasion de montrer à leurs adhérents les résultats obtenus par d'autres associations et spécialement par celles se trouvant dans des conditions analogues.

Et de prier M. le Président de bien vouloir ouvrir la discussion sur les deux sujets suivants :

Y a-t-il lieu de modifier l'édition du Bulletin régional ?
Y a-t-il lieu d'attendre les décisions du Congrès National de Lille avant d'éditer un nouvel annuaire ?

M. le Président ouvre la discussion sur le premier sujet :

A propos du Bulletin de « L'Union »

M. Deroche pose un certain nombre de questions à l'Assemblée, toutes relatives au bulletin de l'*Union* :

Y a-t-il lieu de continuer le Bulletin tel qu'il est ?

Faut-il le rendre semestriel ou annuel, quitte à lui donner plus d'importance ?

Doit-on le remplacer par une feuille double-écolier, mensuelle ou trimestrielle ?

Enfin ne convient-il pas de faire un numéro spécial contenant in-extenso le compte-rendu du Congrès ?

M. H. Poupon (A. Saint-Ignace de Dijon). — Le Bulletin régional édité en quatre fois enlève tout intérêt au compte-rendu de nos Congrès régionaux ; comme notre camarade Tarby l'avait prévu dans son rapport de l'an dernier la collaboration des Amicales à ce Bulletin a été à peu près nulle, de là un manque d'intérêt ; l'expédition desdits Bulletins aux frais des Amicales augmente encore leurs charges financières. En conséquence, je propose de remplacer le Bulletin régional par un compte-rendu intégral du Congrès annuel.

M. Mack. — L'Union Régionale du Nord-Est publie quatre fois par an une simple feuille résumant les travaux du Congrès et l'avis de chaque Amicale. Cette feuille serait peut-être suffisante et occasionnerait une dépense beaucoup moindre.

M. L.-B. Deroche. — N'oublions pas, Messieurs, que le Bulletin régional a été créé comme œuvre de propagande et a eu pour but principal de soutenir et de développer les Associations qui n'ont pas de Bulletin à elles ; il serait peut-être bon d'avoir l'avis de délégués de ces Associations.

Les Présidents de Saint-Nicolas, Dijon et A. E. F. Vesoul,

déclarent que le Bulletin est très utile à leurs Associations ; cependant, afin d'éviter des frais trop considérables, ils se rallieraient à la proposition de M. Mack.

Après de judicieuses observations de MM. Pinot, Colle, Barraux, Pillot, Tarby, on en arrive à conclure que le Bulletin tel qu'il est ne peut être maintenu. Il manque de vie, il relate tardivement les comptes-rendus des Congrès, enfin, abstraction faite de toute question de personnes, il reste, par la force des choses, un peu morose. On le reçoit, mais on ne le lit pas, ou si peu ! La tâche de ses rédacteurs est d'ailleurs des plus délicates, et jusqu'à présent ils ont réalisé un véritable tour de force pour en garnir toutes les colonnes. Bref, sous sa forme actuelle, il paraît avoir vécu, on est unanimement d'avis de le rajeunir.

La feuille double et mensuelle proposée a pour elle l'avantage d'être économique, de rappeler plus fréquemment aux adhérents de l'*Union*, les liens qui les unissent, de les initier au jour le jour à la vie de leur groupement. Mais à cette feuille, on reproche son inévitable sécheresse, sa brièveté gênante. Elle est écartée à son tour.

Finalement on décide qu'on se contentera pour cette année d'un seul numéro d'un développement assez étendu, puisqu'il devra comprendre le compte-rendu in-extenso des travaux du présent Congrès.

Une discussion longue et un peu confuse s'engage alors sur la forme à donner à ce bulletin unique.

Paraîtra-t-il sous forme de journal, comme les précédents bulletins, ou sous forme de brochure ? La forme journal est plus économique, mais la forme brochure a l'avantage incontestable de permettre le classement dans une bibliothèque, et assure la conservation plus fréquente des excellentes choses qu'on peut entendre dans un Congrès. C'est pour cette dernière forme que la majorité paraît pencher. En l'absence de documents précis sur les prix, et sur la proposition de M. E. Bergeret, l'assemblée décide de s'en rapporter aux rédacteurs momentanés du Bulletin du choix de la forme à adopter pour 1913.

Suivant l'usage, ces rédacteurs seront les organisateurs du Congrès : en l'espèce les membres des Comités de Saint-Remy et de Vesoul.

Ils feront leur choix en s'inspirant des intérêts matériels de l'Union combinés avec le desiderata exprimé au cours de la discussion qui précède.

M. le Président met aux voix la deuxième proposition au sujet de l'annuaire.

M. Tarby (A. E. F. de Besançon) fait remarquer la question de Fédération Nationale étant à l'ordre du jour du Congrès de Lille, il se pourrait qu'il soit décidé de créer un annuaire national. Il propose donc de ne pas éditer d'annuaire en 1913. Adopté à l'unanimité.

RAPPORT DE M. E. BERGERET

Le Régime Scolaire en France

La parole est ensuite donnée à M. Eugène Bergeret, avocat, président de l'*Amicale de Saint-Remy*, pour la lecture de son rapport sur *Le Régime scolaire en France*, ses caractères, ses injustices, la R. P. scolaire et la collaboration des Amicales au mouvement d'opinion qui se poursuit.

Nous donnons ci-dessous in-extenso copie de ce rapport :

Historique et législation.

Tel qu'il existe aujourd'hui, en théorie du moins, l'enseignement scolaire est libre, gratuit, obligatoire et neutre.

La liberté est une conquête de 1830. Napoléon Ier avait

fait de l'Etat un chef d'école, lui réservant en fait un monopole exclusif, conception évidemment despotique qui ne pouvait pas être de longue durée dans un pays qui venait de faire la Révolution et qui vibrait toujours aux grands mots de liberté et d'égalité.

A la chute de l'empire tous les partis, d'un commun accord s'unirent pour réclamer l'abolition d'une institution tyrannique et la charte de 1830 promit la liberté d'enseignement.

Une loi du 28 juin 1833, dont Guizot fut le promoteur, réalisa cette promesse en ce qui concerne l'enseignement primaire.

Elle distinguait deux catégories d'écoles : les écoles publiques et les écoles libres.

Elle faisait à toute commune l'obligation d'avoir au moins une école primaire élémentaire, mais lui laissait la liberté de choisir entre une école publique et une école libre.

Ce régime très libéral consacrait beaucoup mieux que le régime actuel la liberté de tous, mais il semble que chez les descendants dégénérés des grands ancêtres les notions de liberté vont en s'obscurcissant, au fur et à mesure que s'éloignent les temps héroïques où l'on donnait sa vie pour elle ; il semble que nos modernes Jacobins ne se réclament de la liberté que pour mieux l'étrangler.

Le régime de Guizot subsista sans modifications importantes jusqu'aux premières années de la 3e République. Pour faire de l'école un instrument de règne anticatholique, nous voyons surgir un certain nombre de mesures qui pèsent encore aujourd'hui de tout leur poids sur l'enseignement primaire : la gratuité, l'obligation de l'enseignement, l'imposition de l'école publique aux communes.

Pour calmer les légitimes appréhensions que suscitaient chez les catholiques l'application de ces nouvelles mesures, on proclame en même temps cette grande hypocrisie : la neutralité.

En 1904, l'Etat maçonnique se crut assez fort pour se démasquer complètement, en proclamant par une loi sectaire du 7 juillet que l'enseignement était dorénavant interdit aux Congréganistes et que tous établissements scolaires dirigés par eux seraient fermés dans le délai de dix ans.

La gratuité.

Si bizarre que cela paraisse à première vue, la gratuité était une première arme et non des moins redoutables contre les catholiques.

En effet par la gratuité on déshabituait les familles de contribuer aux frais scolaires, ce qui devait avoir pour conséquence de mettre les écoles libres, que l'on se proposait dans un avenir prochain de priver de tous subsides publics, dans la nécessité d'offrir, elles aussi, un enseignement gratuit, mais dans des conditions budgétaires absolument ruineuses.

Nos adversaires savent à merveille doser le poison qui tue lentement la liberté.

Pour justifier le principe contestable de la gratuité, ils exposèrent :

1° Qu'il fallait remédier aux distinctions qui s'établissent parfois entre élèves payants et élèves non payants ;

2° Que l'enseignement primaire étant l'ensemble des connaissances réputées indispensables à chacun, il devait être payé aux frais de tous ;

3° Que l'enseignement ne pouvait être imposé s'il devait entraîner des charges pour les familles.

Toutes affirmations qui ne sont pas décisives. La première se réclame d'une égalité impossible ; la deuxième est spécieuse, car les connaissances scolaires ne sont pas le seul bien indispensable à tous, il n'y a donc pas de raison pour le faire payer par la bourse commune plutôt que les autres ; enfin la troisième est un pur sophisme. Où en serait-on si l'Etat prenait à sa charge toutes les impositions pécuniaires qui résultent de certaines obligations ?

La non gratuité eut été préférable ; elle eut instauré dans les masses le sentiment du devoir des parents envers leurs enfants et réciproquement celui de la reconnaissance des enfants vis-à-vis de leurs parents, mais cela n'eut pas fait l'affaires de nos adversaires, ils se sont bien gardés de l'adopter.

Obligation de l'enseignement.

Le 28 mars 1882, on déclarait l'enseignement obligatoire pour les enfants de 6 à 13 ans.

En même temps on décidait que l'école *publique* cesserait d'être confessionnelle, sous prétexte de respecter « le droit supérieur du père de famille sur la conscience de son enfant ». L'enseignement religieux fut remplacé par l'instruction morale et civique, les ministres des cultes se virent supprimer leurs fonctions d'inspecteurs des écoles.

Neutralité.

Le législateur de 1882 se réclamait de la plus stricte neutralité.

A un de ses collègues qui lui demandait : « Quel est donc votre idéal ? », le père de l'école neutre, Jules Ferry, répondait après un moment d'hésitation : « Mon idéal serait d'organiser l'humanité sans Dieu ! ».

Voilà donc le but véritable des sectaires : il ne se gênent pas pour le proclamer bien haut maintenant. Mais en 1882, ils n'osèrent pas le dire, et la neutralité introduite dans leurs lois sectaires n'était qu'une façade d'hypocrisie et de mensonge, « une tartuferie de circonstance ».

Nous l'apprécierons tout à l'heure à sa juste valeur.

En 1882, on respecta dans une certaine mesure l'école privée en ce sens qu'on ne lui porta pas encore le coup mortel ; elle pût continuer à donner l'enseignement religieux, et la commune conserva encore le libre choix de l'école.

Ce droit devait disparaître peu de temps après.

Imposition de l'école publique aux communes.

C'est en 1886 (loi du 30 octobre) que les sectaires poursuivirent le plan des Loges en laïcisant tout d'abord le personnel des écoles publiques.

C'est l'épuration des maîtres après celle des programmes : l'une entraînant l'autre.

En outre la loi de 1886, à l'obligation pour toute commune d'avoir une école primaire soit publique, soit privée, substitue l'obligation d'avoir une école publique.

Cette fois le législateur prend nettement parti contre la liberté et contre l'enseignement religieux qui pouvait continuer à être donné dans les écoles privées.

En soi le principe de l'obligation est excellent, mais en imposant une école plutôt qu'une autre le législateur faisait œuvre partiale au détriment de la religion catholique. A dater de cette époque, il se trouve deux catégories d'écoles : les écoles officielles, bénéficiant de toutes les subventions de l'Etat, des départements et des communes, et les écoles libres laissées à la charge exclusive de leurs fondateurs. Les premières imposées aux communes, alors que les secondes leur sont interdites et ne peuvent même bénéficier de la moindre subvention. La jurisprudence du Conseil d'Etat à partir de ce moment refuse à la caisse des écoles créée en 1867 pour encourager et faciliter la fréquentation des écoles par des dépasse 350 millions en 1913. Les contribuables paient fort cher pour être bien mal servis.

Décriée, déconsidérée, insuffisante, odieuse parfois, l'école publique a trahi toutes les espérances de ses fondateurs, elle est en train de sombrer dans le mépris ! elle a besoin du stimulant d'une concurrence, elle ne redeviendra ce qu'on attend d'elle qu'à la condition de laisser se développer à côté d'elle son indispensable complément : l'école libre.

Depuis que Napoléon, pour servir ses desseins, a fait de l'école un instrument de règne, de l'enseignement public un monopole d'Etat, on s'est habitué en France à considérer l'Etat comme le seul dispensateur de l'enseignement.

Ce dogme impérial a fasciné nombre de catholiques qui conçoivent mal à première vue les revendications si justes de l'Eglise.

Ont-ils donc oublié qu'en fait, l'Eglise a, durant des siècles, détenu le monopole de l'enseignement, et que ce faisant, elle suivait tout bonnement les ordres de son divin fondateur qui l'a établie institutrice universelle :

« Allez, enseignez toutes les nations, apprenez leur tout ce que je vous ai appris. »

Beaucoup contestent, du moins avec la plus entière bonne foi, l'étendue de son droit d'enseigner.

Ils ne font pas de difficultés pour reconnaître qu'il s'applique à toutes les vérités que Jésus-Christ a enseignées et dont il lui laisse le dépôt, l'interprétation et la défense.

Mais à notre avis, ce droit d'enseigner s'étend encore aux matières philosophiques, historiques, sociales qui sont comme apparentées aux vérités dogmatiques. Elle a au moins un droit de contrôle dans l'intérêt supérieur de la foi quand ces matières sont enseignées par des maîtres profanes. Quant aux autres connaissances humaines, elle jouit du droit qu'ont tous les êtres de communiquer aux autres ce qui est vrai.

Mais qu'on ne se méprenne pas sur mes intentions. Loin de moi la pensée de réclamer pour l'Eglise un monopole que je refuse à l'Etat. Il est criminel de violenter les consciences dans un sens ou dans l'autre, et les tortionnaires de l'esprit sont odieux d'où qu'ils viennent.

En pareille matière, c'est la liberté qui s'impose.

Cette liberté d'enseignement implique le droit pour les parents d'envoyer les enfants dans les écoles de leur choix. Pour que ce régime soit vraiment libéral, il faut que la fondation des écoles privées ne soit pas entravée par les exigences et le formalisme d'une administration hostile et que le droit d'enseigner soit reconnu à tous les citoyens sans distinction. Nous sommes loin d'en être là, hélas, et ne vient-on pas tout récemment encore de frapper d'une véritable *capitis deminutio*, toute une catégorie de citoyens, en interdisant le droit d'enseigner aux congréganistes !

Mais ce système, si même il était appliqué, assurerait-il au père de famille sa pleine liberté ? Il est permis d'en douter. Il existe une inégalité entre la situation du père de famille qui envoie son enfant à l'école privée et celui qui l'envoie à l'école officielle. Celle-ci est entretenue avec l'argent de tous les contribuables, l'autre, avec les seuls fonds des catholiques. Pour avoir usé de leur liberté les catholiques payent double droit : un véritable impôt de superposition. Une liberté qui aboutit à de pareilles injustices, n'est pas la liberté !

L'injustice est d'autant plus sensible que celui qui en est victime est moins fortuné.

Qu'il ne s'en plaigne pas disent les anticléricaux puisque l'Etat met une école gratuite à sa disposition.

C'est faire bon marché de la conscience et des convictions de chacun. La liberté de l'indigent est violée parce l'Etat ne lui donne pas la possibilité matérielle d'exercer, comme il l'entend, son devoir d'éducation.

Cette injustice se double d'un gaspillage de deniers publics. Le budget sert en effet à entretenir des écoles qui ont peu ou point d'élèves, tandis qu'à côté d'elles, les écoles privées non subsidiées, regorgent d'élèves. Le fait est particulièrement frappant dans certains départements, tel que le Maine-et-Loire, l'Ardèche, exemples classiques qu'on ne saurait trop répéter : Dans l'arrondissement de Tournon, il existe 65 écoles publiques qui ont chacune moins de dix élèves.

Ces 65 écoles publiques renferment ensemble 255 enfants, un peu moins de quatre en moyenne.

Elles sont en concurrence avec 65 écoles libres qui réunissent 3.602 enfants, c'est-à-dire plus de 55 par école, douze fois plus qu'à l'école publique.

Il n'est pas exagéré d'évaluer à 3.000 francs le coût annuel d'une école publique, ce qui pour 65 fait la somme de 195.000 francs.

Le nombre des élèves de ces écoles étant de 255, chaque élèves revient à l'Etat à 765 francs par tête et par an.

Et à côté, les 3.602 enfants des écoles libres ne coûtent pas un sou au Trésor.

De tels résultats font juger de la valeur d'un système !

Faire peser sur les partisans de l'enseignement privé des charges qu'à la longue ils ne pourront peut-être plus supporter, les amener à fermer par lassitude des écoles trop dispendieuses et à laisser au budget national tout le poids de l'enseignement à tous les degrés, n'est-ce pas aussi très imprudent ?

Pour conclure : l'intérêt de nos finances est d'accord avec celui du père de famille pour demander qu'au système actuel on substitue un autre plus conforme à la justice. Il faut garantir la liberté scolaire dans l'égalité.

Il faut que les deniers publics provenant de l'argent de tous et destinés à l'instruction publique, profitent à tous les écoliers de France sans distinction.

Il faut que la répartition soit faite entre toutes les écoles, sans distinction, au prorata du nombre de leurs élèves.

Il faut qu'il n'y ait plus de catégories entre les petits Français.

Il faut que le père de famille même non fortuné, soit libre de choisir pour ses enfants l'école qui lui convient.

Il nous faut pour nous résumer en une formule claire, concise et bien vivante, la R. P. scolaire. Il nous la faut et nous l'aurons !

La Représentation proportionnelle scolaire.

La R. P. S. comporte en elle-même sa définition — son nom même est tout un programme —. Elle consiste, chacun le sait, à partager les fonds affectés à l'instruction publique par l'Etat, les départements et les communes, entre les établissements d'enseignement quels qu'ils soient au prorata du nombre de leurs élèves.

C'est l'application d'un principe de justice dont la nécessité lumineuse s'impose, sur d'autres terrains, au Parlement lui-même, principe qui des législations voisines ne tardera pas à passer dans la nôtre, quoi qu'on fasse, parce que la France est avant tout un pays de logique et de bon sens.

Je n'ai pas la prétention d'émettre ici des idées neuves.

Dans le champ très vaste de la discussion défriché par mes devanciers, je me contenterai de glaner les dernières fleurs.

Pour bien se pénétrer de l'idée de justice que contient la R. P. S., il faut partir d'un principe fondamental à savoir : que l'enfant appartient à ses parents et non pas à l'Etat.

J'entends bien qu'on a récemment soutenu le contraire,

mais je dois avouer qu'on n'a justifié par aucun argument sérieux cette extravagante théorie.

Sans doute l'enfant se doit à la patrie, mais il se doit d'abord à sa famille. Qu'est-ce que l'Etat en définitive dont on veut faire le père commun de nos enfants ? Une majorité politique qui n'était pas hier et qui ne sera plus demain, majorité dont les doctrines varient au gré de ceux qui la composent, et qui aurait l'extraordinaire prétention d'imposer ses dogmes changeants aux générations successives d'enfants. Ce serait le chaos, l'anarchie, la fin de tout. Il me semble puéril d'insister, l'enfant n'appartient pas à l'Etat, il appartient à ses parents. Les évêques de France le rappelaient excellemment dans leur lettre du 14 septembre 1909 : « C'est à vous pères et mères, que les enfants appartiennent, puisqu'ils sont l'os de vos os, et la chair de votre chair, et c'est vous qui, après leur avoir donné la vie du corps, avez le droit imprescriptible de les initier à la vie de l'âme ».

En fait, les parents ne peuvent pas, le plus souvent, assumer par eux-mêmes la tâche absorbante de parachever l'œuvre d'éducation et d'instruction de l'enfant.

Ils appellent à leur aide un auxiliaire : le maître, l'école. Qu'elle soit privée ou publique, celle-ci n'est donc que le prolongement et la continuation de la famille. Le maître agit en vertu d'une délégation des parents, il faut donc en toute logique que son enseignement soit le reflet de leur esprit, qu'il soit dominé par les principes directeurs dont s'inspire leur vie.

L'Eglise et l'Etat doivent logiquement concourir aussi à l'œuvre d'éducation, la première en vertu des principes déjà précédemment exposés, parce qu'elle est chargée de conduire les hommes à leur destinée supra-terrestre et doit en conséquence les enseigner, l'Etat, puisqu'il est chargé de concourir à leur félicité temporelle et qu'il est à ce titre et dans cette sphère, le gardien de leurs intérêts généraux.

L'idéal serait l'harmonie entre ces quatre puissances éducatrices : famille, école, Eglise, Etat ; mais puisque, du fait de nos adversaires, cette harmonie est rompue et qu'une séparation s'impose, je préfère celle de l'école et de l'Etat à celle de l'école et de la famille.

Si cette alliance féconde des pouvoirs éducateurs a été rompue en France, la faute en est, chacun le sait, à la funeste neutralité.

Toute question religieuse mise à part, la neutralité apparaît en droit, comme un pur non-sens.

Enseigner, c'est prendre parti entre plusieurs doctrines.

Dire que l'instituteur doit être neutre, c'est pratiquement dire qu'il doit enseigner à condition de n'enseigner pas.

L'enseignement qui s'adresse à l'enfant doit être nécessairement dogmatique. On ne peut laisser le libre choix à des bambins, il faut qu'on leur dise : « Ici est la vérité, là est l'erreur ».

Quel sera le criterium du maître ? Ses opinions personnelles, celles du parti au pouvoir trop souvent.

En quelles matières, au surplus, l'instituteur pourra-t-il s'avancer sans risquer une controverse sur laquelle il faudra se prononcer. En histoire ? Terrain brûlant où les évènements s'interprètent au gré des opinions politiques et religieuses de chacun.

En sciences physiques et naturelles ? Elles suscitent d'inévitables discussions philosophiques parce qu'elles soulèvent les problèmes primordiaux : Qui sommes-nous ? D'où venons-nous ? Où allons-nous ? »

En morale ? C'est là surtout qu'il faut prendre parti, là surtout que la neutralité s'impose, là surtout qu'elle est impossible. Le maître, nous a-t-on dit, devra enseigner les notions morales qui forment le patrimoine commun de l'humanité. Formule très vague qui constitue d'ailleurs une violation du principe même de la neutralité puisqu'elle pose en principe que la morale indépendante suffit pour se bien conduire dans la vie, ce qui est contraire à toutes les doctrines qui reposent sur la croyance en Dieu.

En résumé, parmi les matières enseignées, je ne vois guère que l'arithmétique, la géographie et la grammaire qui puissent faire l'objet d'un enseignement vraiment neutre.

Dira-t-on que l'instituteur pourra respecter l'opinion des parents tout en exprimant la sienne.

Il n'en restera pas moins qu'il aura déposé dans le cerveau de l'enfant des germes dangereux que les parents auront bien du mal d'extirper, car le prestige du maître est supérieur à celui des parents en matière d'instruction, dans l'esprit de l'enfant.

La tolérance n'est pas la neutralité, elle n'en est qu'une contre-façon.

En fait, abstraction faite d'une minorité d'instituteurs qui s'efforcent de remplir leur noble mission sans faire œuvre de parti, on est bien obligé de convenir que la neutralité n'existe plus, que l'enseignement est nettement imbu de l'esprit laïque, souvent même anticlérical et qu'en définitive l'école publique est presque partout en France l'œuvre d'un parti.

Conclusion logique : ceux qui n'acceptent pas les idées de ce parti ne devraient pas être obligé d'envoyer leurs enfants à l'école qui en est le reflet, ils devraient trouver à côté de l'école publique des écoles privées qui donnent à leurs enfants un enseignement conforme à leurs idées. C'est le bon sens et c'est la justice.

C'est ce régime de liberté dont les catholiques entendent préparer l'avènement malgré tous les obstacles.

Régime de liberté, car c'est de la liberté avant tout que nous nous réclamons. Nous n'en avons actuellement que l'ombre, nous n'avons que le mot et c'est la chose que nous voulons.

Prétention audacieuse, dira-t-on, à une heure où on songe même à nous ravir les derniers vestiges de la liberté d'enseignement. Car vous connaissez le projet abominable que discute la Chambre en ce moment. Permettez-moi d'ouvrir une parenthèse. Les projets Brard et Dessoye, sous une forme hypocrite tendent à l'étranglement définitif de l'enseignement libre.

Je me refuse à croire qu'ils puissent être adoptés, car ce serait un formidable recul en arrière. On reviendrait au temps lointain de la revision de l'Edit de Nantes !

C'est en effet le désir de supprimer les écoles protestantes qui a fait reviser l'Edit de Nantes. L'Edit de revision ordonnait que les enfants des membres de la religion prétendue réformée seraient élevés de force dans les principes de la religion catholique.

Aujourd'hui l'Etat voudrait agir à rebours en vertu du même principe régalien.

L'Edit de 1686 est donc le modèle dont se servent nos Jacobins actuels pour faire peser sur l'enfance la tyrannie de l'Etat éducateur. Il n'y a qu'une seule nuance. Sous Louis XIV, cette tyrannie s'exerçait au profit de l'Eglise catholique, aujourd'hui elle s'exerce à son détriment, mais au profit de l'anticléricalisme et de l'athéisme.

Je n'entrerai pas dans le détail d'une discussion qui n'est pas close. J'aime mieux espérer qu'elle se terminera à la confusion de ceux qui l'ont provoquée et qu'une fois de plus la liberté sortira victorieuse des mains de ses égorgeurs.

On connaît le but de nos adversaires : « Nous voulons, disent-ils par l'organe de Jaurès, des dépenses annuelles et une dépense extraordinaire pour développer nos écoles, pour compléter notre enseignement, pour le porter si haut que les rivalités des ennemis ne puissent plus y atteindre. » Est-ce clair ? M. Groussau ne s'y est pas mépris, et répondant à cette menace de guerre déguisée, il s'est écrié :

« Sous cette formule oratoire, il y a une idée très simple, nous voulons écraser nos concurrents et anéantir la liberté.

« Les impôts ne sont pas faits pour cela.

« Les épargnes des contribuables ne doivent pas servir à ruiner les écoles chrétiennes au profit des écoles sans Dieu. »

La question de la R. P. s'est posée récemment au Parlement et elle a été tranchée avec une remarquable netteté par le savant professeur de droit et le vaillant catholique qu'est M. Groussau.

Citant lui-même une thèse remarquable sur la neutralité scolaire, il en détachait le passage suivant :

« D'une façon générale, les chefs actuels du parti républicain s'affirment encore et toujours les partisans convaincus, irréductibles, de la liberté d'enseignement.

« Il faudrait pourtant s'entendre et ne pas se payer de mots. Sans doute, lorsque M. Clémenceau, et M. Poincaré, et M. Buisson, et d'autres encore dénoncent en maintes pages éloquentes les dangers du monopole, nous comprenons le noble scrupule qui les inspire, et nous nous associons de grand cœur à leurs critiques ; car c'est à la conception impériale du monopole, c'est au monopole autoritaire de l'Etat que s'adressent ces critiques. Mais lorsqu'ensuite ils se font tout à la fois les défenseurs de notre régime scolaire actuel et les champions de la liberté d'enseignement, nous ne pouvons taire notre surprise. Nous renonçons à concevoir et nous mettons au défi qui que ce soit de nous expliquer comment se peuvent concilier dans leur esprit la liberté de l'enseignement dont ils ne cessent de proclamer le principe et le privilège de la gratuité qu'ils entendent réserver aux seules écoles publiques.

« La contradiction est flagrante. A nos yeux, il n'y a pas de liberté là où il y a privilège. Nous n'apercevons pas comment et au nom de quels principes, étant partisans de la liberté d'enseignement et la croyant possible, ils peuvent se efuser à répartir le budget de l'instruction publique entre toutes les écoles publiques et privées.

« Ah ! non, ne dites plus que c'est un régime de liberté que celui qui fait payer à certains l'usage même de la liberté, tandis qu'on l'offre gratuitement à d'autres ; car enfin c'est bien votre système, vous donnez la liberté à ceux qui veulent envoyer leurs enfants à l'école publique, aux autres vous ne laissez que le choix ou d'acheter leur liberté, s'ils sont riches, ou de la mendier s'ils sont pauvres. Etrange conception de la liberté ! Plutôt que de laisser croire qu'elle peut être la vôtre, ne parlez plus de la liberté d'enseignement.

« Mais alors comment définir notre régime scolaire? Ce n'est ni le monopole ni la liberté, c'est un régime bâtard, c'est un système hybride qui chaque jour, de plus en plus, tend au monopole sans cesser de se réclamer de la liberté : il est temps de dire la vérité : c'est un monopole honteux qu'on édifie derrière une façade de liberté. » *(Appl. à droite.)*

On ne saurait mieux dire, ni en termes plus vrais, les tares de notre législation scolaire.

Etrange conception de la liberté, en effet, que celle qui donne *tout* à ceux qui veulent envoyer leurs enfants à l'école publique et qui ne laisse aux autres « *que le choix ou d'acheter leur liberté s'ils sont riches ou de la mendier s'ils sont pauvres* ».

Par une comparaison empruntée à M. Emile Faguet, M. Groussau a mis en plus éclatante lumière encore l'absurdité et l'iniquité de notre régime scolaire :

Connaissez-vous, Monsieur Jaurès, une comparaison de M. Emile Faguet, qui prend aujourd'hui de plus en plus d'intérêt ?
Il existe entre Paris et Bordeaux deux chemins de fer. L'un passe par Versailles, Chartres, Saumur et Niort : c'est le réseau de l'Etat. L'autre passe par Orléans, Tours, Poitiers, Angoulême : c'est le réseau de la Compagnie d'Orléans. Comprendrait-on que l'Etat dise aux voyageurs : vous avez le choix entre les deux lignes, vous pouvez passer par celle qui vous conviendra. Mais toutes les fois que vous passerez sur la ligne de l'Orléans, vous payerez votre place non seulement

sur la ligne de l'Orléans, mais aussi sur celle de l'Etat. Et non seulement vous payerez votre place avec le système de M. Jaurès, mais vous la payerez double, triple, quadruple, car il s'agit d'augmenter et d'améliorer sans cesse le réseau, non, les écoles d'Etat.

M. Jaurès. — C'est vrai, mais la conclusion logique serait la suppression du budget de l'enseignement.

M. Groussau — Je ne dis pas le contraire et je ne suis pas sûr que cela n'arrivera pas un jour...

Mais n'oublions pas la conclusion de M. Faguet : « Dans ce cas la Compagnie de Chartres — c'est ainsi qu'il appelait l'Etat — ne ferait pas autre chose que de lever un impôt, sans aucune espèce de droit ni de raison. Plus qu'un impôt, car un impôt n'est pas autre chose qu'une rémunération donnée à l'Etat pour un service qu'il rend, et, dans le cas susdit, la Compagnie de Chartres n'en rendrait aucun. Ce qu'elle lèverait ne serait donc pas un impôt, mais un tribut, comme un vainqueur impose à un vaincu l'obligation d'en payer un. C'est exactement ce que fait l'Etat en faisant payer ses professeurs par des gens qui en ont d'autres. Il les taxe d'une contribution de guerre. C'est un peu barbare. »

Eh bien, Messieurs, nous protestons contre l'exagération d'une pareille injustice. La France seule se trouve dans cette situation d'une nation où l'école officielle et l'école libre sont en lutte perpétuelle. Nous avons le droit d'espérer qu'un jour viendra où l'on comprendra les avantages de la liberté et où l'on en établira les conséquences.

Précisons maintenant l'étendue de nos revendications.

Dans l'esprit de beaucoup, la R. P. S. se réduit à l'octroi par les communes de quelques subsides en nature ou en argent aux élèves indigents de toutes les écoles libres et publiques. Ce n'est qu'un des côtés de la question. Nous verrons tout à l'heure que l'état actuel de notre législation scolaire en permet la réalisation immédiate.

Nous voulons plus et mieux.

Nous réclamons une refonte complète de toute notre législation scolaire : nous ne voulons plus que subsiste la distinction établie par l'article 2 de la loi du 30 octobre 1886 entre les écoles officielles et les écoles privées. Toutes les écoles doivent être publiques. j'entends par là que l'Etat doit contribuer à l'entretien de toutes sans distinction.

Précisons un peu notre pensée.

L'enseignement doit être obligatoire ; l'Etat a le droit d'exiger de tout citoyen un minimum d'instruction ; l'Eglise qui a créé l'enseignement populaire en France est pleinement d'accord avec l'Etat sur ce principe.

Il s'ensuit que l'Etat doit faciliter aux parents l'accomplissement de ce devoir, en simplifiant les formalités pour l'ouverture des écoles tout en veillant à ce que la moralité et l'hygiène soient respectées.

Nous avons précédemment critiqué la prétention de l'Etat d'être maître d'école, mais en fait, il ne saurait en être autrement, car si nous partons du principe de l'obligation, l'Etat est forcé d'ouvrir une école partout où l'initiative privée aura négligé de le faire. Toutefois, il me semble qu'en cette hypothèse, c'est aux intéressés, aux parents, réunis en une sorte de Comité comme il en existe au Canada, ou, à défaut de ce Comité, au Conseil municipal de la commune qu'il faudrait s'en remettre du soin de décider à quels maîtres devrait être confiée la direction de la nouvelle école.

Dans notre pensée le rôle de l'Etat ne devrait être que supplétif et conditionnel ; il appartiendrait à l'initiative privée, dans le système que nous préconisons, de le rendre chaque jour moins nécessaire par de fréquentes fondations d'écoles.

Egalité devant la caisse des écoles.

Pour assurer la fréquentation scolaire, les communes devront continuer à pouvoir distribuer comme aujourd'hui des aliments et des vêtements aux enfants nécessiteux. Mais à l'encontre de ce qui se pratique maintenant, les communes ne devront pouvoir user de cette faculté qu'en observant l'égalité la plus complète entre tous les enfants.

Une disposition de ce genre existe dans la loi hollandaise. A nous de l'introduire dans notre législation.

Le 3o décembre 1911, nous avons cru voir se lever cette aurore de liberté. Ce jour-là, cette réforme a fait l'objet d'un gros débat à la Chambre des députés. M. Groussau en fut l'éloquent défenseur.

Et il invoqua deux arguments irréfutables : Quel est le but de la caisse des écoles? Assurer l'observance de l'obligation scolaire.

Mais la fréquentation régulière de l'école n'est-elle pas aussi nécessaire, aussi strictement imposée par la loi qu'il s'agisse d'écoles privées ou d'écoles publiques?

M. Groussau ajoutait que vis-à-vis de la misère il ne saurait y avoir deux poids et deux mesures : « Vous les appelez (les caisses des écoles), disait-il, des établissements publics scolaires, tant que vous voudrez. Mais du moment s'ils distribuent des secours aux indigents, ils doivent suivre la même règle d'égalité qu'on applique dans les distributions des Bureaux de bienfaisance. Il y a nécessité, quand un enfant n'a pas de chaussures, de de lui en donner, quelle que soit l'école à laquelle il se rend, puisque, dans l'un ou l'autre cas, il obéit à l'obligation scolaire ».

On ne saurait mieux dire. Et des bancs de la gauche, une voix s'éleva, celle de M. Joseph Reinach : « Je tiens à dire que, moi aussi, je voterai l'addition de M. Goussau, parce qu'il n'y a pas d'opinion politique qui tienne quand il s'agit de la misère et de la santé des enfants ».

On alla aux urnes et il se trouva 226 députés contre 355 pour voter la motion de justice et d'égalité.

Ce premier succès doit nous encourager à poursuivre nos efforts pour transformer demain en majorité cette imposante minorité.

Egalité en face des subsides de l'Etat pour la fondation d'écoles.

Dans le système de la R. P. intégrale que nous préconisons, l'Etat favoriserait la construction d'écoles entreprises par l'initiative privée. La loi néerlandaise fixe en principe la subvention de l'Etat au quart du coût de la construction. Des résultats analogues pourraient être obtenus par un procédé bien connu dans d'autres domaines.

On sait par exemple que les caisses régionales de crédit immobilier reçoivent de l'Etat des prêts au taux de 2 % : l'argent aide la construction d'habitations ouvrières à bon marché. D'autres institutions comme les caisses régionales de crédit agricole bénéficient également d'avances précieuses.

Pourquoi les particuliers qui fondent des écoles ne jouiraient-ils pas du même avantage : emprunter à un taux réduit ou bénéficier d'avances gratuites ? L'œuvre des écoles est aussi intéressante que celle des habitations ouvrières ; elle est même plus capitale pour l'avenir du pays.

J'entends bien que le fondateur d'école devra satisfaire à certaines exigences, car il faudrait décourager les initiatives inutiles ou malsaines. L'Etat enfin pourrait encore ne se libérer qu'au moyen d'annuités, après l'achèvement des travaux de construction, annuités calculées d'après le nombre des élèves. Peu importe la modalité, on n'a que l'embarras du choix ; l'essentiel est, pour l'instant, de montrer que la chose est pratiquement réalisable.

Je prévois l'objection qu'on ne peut manquer de faire. Avec un pareil système vous allez enfler démesurément le budget de l'instruction publique.

J'ai la prétention au contraire de le diminuer dans de notables proportions. — Je m'explique.

Dans notre système de liberté subsidiée, ce n'est pas la totalité des frais mais une partie, une faible partie (nous avons parlé du quart, tout à l'heure), qui resterait à la charge du Trésor. La plus grosse partie des dépenses resterait à la charge des fondateurs. L'économie serait très réelle si l'on veut bien réfléchir qu'avec le développement que prendrait l'enseignement privé, un certain nombre d'écoles chèrement entretenues par le budget national et pourtant à peu près vides d'élèves, deviendraient absolument inutiles. Il suffirait pour atteindre plus sûrement cette compression budgétaire qu'il soit loisible à la commune *d'adopter* l'école privée. Dans ce cas, l'école publique, si elle n'avait qu'un nombre d'élèves infime fusionnerait avec l'école adoptée par la commune.

Des mesures seraient prises pour sauvegarder la liberté des pères de famille qui voudraient exempter leurs enfants de l'enseignement religieux donné dans cette école, car nous entendons ne pas refuser aux autres la liberté que nous réclamons pour nous.

Égalité des subsides pour l'entretien des écoles.

Il ne suffit pas de créer des écoles, il faut les entretenir. J'entends par là conserver les bâtiments en bon état, payer les maîtres, approvisionner de fournitures les élèves pauvres.

J'entends bien que je vais remettre en cause la question très controversée de la gratuité de l'enseignement.

J'inclinerais volontiers à penser avec le législateur hollandais que la gratuité absolue est une excessive générosité. Elle a le gros inconvénient, pour beaucoup, de favoriser l'éclosion de l'indifférence, cette redoutable tueuse d'énergie. On se désintéresse de l'instruction parce qu'elle ne coûte rien. Une contribution, si légère soit-elle, aurait l'avantage de rendre les parents plus conscients de leur devoir impérieux de surveiller l'instruction de leurs enfants.

On devrait, cela va de soi, en dispenser les indigents.

On peut objecter à ce système qu'il viole les principes d'égalité, chers au peuple. Il y aurait peut-être moyen de s'entendre, ce serait de mettre le taux de la rétribution scolaire si bas qu'il fût accessible à tous, et dans l'ensemble du pays ce serait, à n'en pas douter, une contribution globale nullement à dédaigner.

Il appartiendrait à l'Etat de parfaire la différence pour assurer le principe d'obligation de la loi. Dans quelle mesure devra-t-il le faire ? Sera-ce suivant le besoin de l'école ? Système dangereux qui peut être la source des pires abus. L'école qui aura le plus besoin de subsides, c'est une vérité d'expérience que j'émets, sera celle qui en recevra le moins de ses fondateurs. Et ceux-ci, par une logique bien naturelle et bien humaine, ne seront-ils pas tentés de réduire au minimum leur contribution personnelle, certains que l'Etat viendra parfaire le déficit créé par leur générosité défaillante ?

Ce serait la prime au moindre effort financier de la part des fondateurs, et pour le Trésor une charge énorme, ruineuse, qu'aucun gouvernement soucieux des intérêts du pays ne pourrait accepter.

Enfin ce système ne réaliserait pas l'égalité que nous cherchons. Il doit être résolument écarté.

Combien préférable, plus conforme à la justice, à l'équité, le système adopté à l'étranger, qui consiste à répartir les subsides aux écoles, en proportion du nombre de leurs élèves. Cette répartition mathématique échappe à l'arbitraire et est d'une extrême simplicité dans l'application. Enfin elle rend impossible le scandale des écoles vides d'élèves qui émargent cependant au budget.

Le bon scolaire.

La Belgique est à la veille de réaliser cette répartition par l'usage du « bon scolaire » qui pourrait sans inconvénient, être adopté par nous.

Le principe en est des plus simples : tout chef de famille ayant un enfant en âge d'aller à l'école reçoit des pouvoirs publics un « bon ». Ce bon est donné en paiement au directeur de l'école choisie qui se le fait rembourser par le Trésor.

Quant au calcul de ce bon, il devrait, comme dans le projet belge avoir pour base : « Le minimum légal du traitement des instituteurs et le coût des fournitures fixé à tant par enfant ».

Ce système a pour lui tous les avantages, je ne lui connais pas d'inconvénients sérieux. Il garantit la pleine indépendance du père de famille dans le choix de l'école, il assure son absolue liberté et exclut toute possibilité de fraude. Et avec M. Louis André son principal protagoniste, nous pouvons conclure qu'une fois mis en pratique, il sera impossible de le supprimer parce qu'il est inattaquable au point de vue des principes.

Le bon scolaire ne va-t-il pas donner naissance à une véritable chasse à l'élève ? J'emprunte la réponse à M. Verhaegen, conseiller provincial de la Flandre orientale : « Pas plus que le système actuel, pas plus que tout système basé sur l'égalité des subsides. La chasse existe déjà. L'égalité des subsides rendra la chasse plus fructueuse du côté catholique, et ce sera justice. Remarquez d'ailleurs que l'objection ne s'adresse pas au bon scolaire : c'est en réalité à l'égalité des subsides qu'elle s'adresse ».

Du moment qu'il est admis que les écoles doivent être subventionnées proportionnellement au nombre de leurs élèves, tout élève représente ce qu'on a appelé une « valeur pécuniaire ».

Si donc on redoute cette objection, on n'a qu'à renoncer à l'égalité tant de fois revendiquée par les catholiques. Mais l'objection n'a au fond, rien d'effrayant, et je craindrais moins la pression sous le régime du bon scolaire qu'avec tout autre système fondé sur l'égalité.

Si le bon scolaire donne naissance à un vilain trafic entre parents pauvres et maîtres peu scrupuleux, quelques bonnes dispositions pénales auront tôt fait d'y mettre ordre.

Le bon scolaire donnerait enfin au père de famille une haute idée de sa dignité et un sentiment très vif de sa responsabilité. Il n'assurera pas seulement la liberté du chef de famille pauvre : il lui fera comprendre et *sentir* qu'il est libre.

Et c'est pourquoi le bon scolaire est essentiellement indéracinable. Il incarne, si l'on peut dire, la liberté du père de famille, dans un symbole matériel et tangible, susceptible de frapper l'esprit le moins cultivé. Il donne à son possesseur le sentiment personnel de la liberté, en même temps qu'il flatte son amour inné pour l'égalité.

Quel effet ne produira pas sur l'homme du peuple, la remise entre ses mains, par l'autorité publique, d'un document représentant le coût de l'écolage de son enfant, et portant, cette condition est importante, la liste des écoles tant libres que communales pour lesquelles il est valable ?

Ce serait pour lui la reconnaissance officielle de son droit au libre choix de l'école. Ce droit, on ne le lui enlèverait plus ; on pourrait, sans que l'opinion s'en émeuve grandement, supprimer les subsides accordés aux écoles libres ou aux comités qui les représentent ; on ne pourrait pas plus enlever au père de famille le bon, symbole de l'égalité scolaire, qu'on n'oserait arracher de ses mains le bulletin de vote, symbole de l'égalité politique. Si une majorité nouvelle décrétait que désormais le bon scolaire ne serait plus valable que dans les écoles officielles, chacun se sentirait atteint dans son indépendance et, selon la forte expression de M. André, le dernier des citoyens verrait dans quel parti se trouvent les véritables défenseurs de la liberté.

Subsides aux écoles normales. Egalité des pensions de retraite.

Pour maintenir l'égalité entre toutes les écoles, il faut encore que l'Etat accorde aux écoles normales libres des subventions pour assurer le recrutement des instituteurs libres, et que, à l'exemple de ce qui se fait en Hollande, pays protestant, tous les instituteurs sans distinction jouissent d'un même régime de pension.

Liberté des fonctionnaires. Droit à toutes les fonctions.

Nous ajouterons avec M. Robert Facque, aux travaux duquel nous avons fait de larges emprunts : « Pour être complète, la réforme devrait comporter les deux corollaires suivants : la liberté pour les fonctionnaires de mettre leurs enfants à l'école de leur choix sans subir aucun abus de pouvoir ; 2° un droit égal à toutes les fonctions publiques pour les élèves de toutes les écoles, sans autre considération que celle de leur valeur personnelle ».

Chacun sait combien nous sommes loin en France de cet idéal de justice, raison de plus pour en tenter la réalisation.

Objections.

Nous ne nous attarderons pas aux objections qu'on a formulées contre la R. P. N'y a-t-il pas lieu de craindre, a-t-on dit, qu'ensuite du vote de la R. P., surgissent des églises maçonnique, collectiviste, syndicaliste, révolutionnaire, anarchiste, que sais-je encore ? Toutes ces églises pour être laïques, n'en seront ni moins exigeantes ni moins actives. Chacune répondant à une neutralité spéciale prétendra avoir droit à la diffusion de son enseignement par l'école, chacun voudra former à son image le citoyen de l'avenir. Il y aura des écoles de la C. G. T. Si la répartition proportionnelle est posée en droit, comment la leur refuser ? Et l'Etat se verra contraint de soutenir les doctrines morales les plus suspectes, les théories les plus dangereuses et les plus antisociales.

Cette objection n'est pas sérieuse. J'ajoute qu'elle est démentie par les faits. La R. P. scolaire existe en Hollande depuis 1889, en Belgique depuis 1895, en Angleterre depuis 1902, et dans aucune de ces trois nations, nous ne rencontrons l'apparence même du danger que l'on dénonce.

Mais faisons la part belle aux pessimistes. Admettons que leurs craintes soient fondées. Est-il bien vrai que l'Etat se trouvera désarmé ?

Le prétendre serait supposer que la liberté, par le fait même qu'elle sera subsidiée cessera d'être *contrôlée*. Or cela n'est pas et comme on l'a dit et répété : « l'inspection vigilante des écoles par un pouvoir impartial n'est pas contraire à la logique de la liberté d'enseignement. Ce qui est au contraire illogique, c'est de connaître l'enseignement privé pour le surveiller et de l'ignorer pour l'aider à se constituer et à vivre. ».

Si le cadre de ce rapport me le permettait, j'aurais énuméré à titre d'exemple les garanties exigées en Hollande. C'est un fait d'expérience que les subventions lient étrangement ceux qui les reçoivent à celui qui les donne, c'est ce qui fera mieux comprendre que le danger ci-dessus n'existe pas et que dans les pays qui jouissent déjà de la R. P., aucune école anarchiste ou libertaire n'a vu le jour.

Si l'on ajoute que le mécanisme de la R. P. est des plus simples avec l'usage du bon scolaire, qu'elle entraînera très certainement des dépenses inférieures à celles du monopole, on comprend le néant des objections formulées contre la R. P. qui s'impose comme le remède immédiat au malaise moral dont nous souffrons.

La R. P. communale.

Ne nous flattons pas de réalisations immédiates dans le domaine législatif et sachons, pour conquérir des libertés nouvelles, utiliser celles qui nous restent. Elles nous permettent d'ailleurs une intéressante application de la R. P. communale.

Sans doute il est interdit aux Conseils municipaux de subventionner directement les écoles privées, mais il leur est loisible de voter des secours en nature ou en argent pour les élèves indigents de la commune, sans distinction d'école.

La question a été nettement tranchée par les décisions du Conseil d'Etat, notamment par un arrêt du 24 mai 1912.

De cette décision, il résulte :

1º Que les communes peuvent établir des cantines scolaires gratuites pour les enfants des écoles libres et laïques ;

2º Que les communes peuvent leur allouer gratuitement des vêtements ;

3º Qu'elles peuvent leur allouer des fournitures classiques.

Cela bien posé, il ne faut pas se laisser intimider par le mauvais vouloir trop fréquent des préfets. Il importe de bien surveiller la rédaction de la formule à inscrire au budget. Une rédaction défectueuse entraînera fatalement la radiation du crédit comme illégal. Il importe donc que la rubrique sous laquelle sera voté le crédit indique nettement qu'il s'agit de secours aux élèves indigents.

On ne compte plus à l'heure actuelle le nombre des municipalités qui sont entrées dans cette voie : quelques-unes même socialistes, mais séduites par l'idée de justice de la R. P. La plupart des grandes villes de France ont donné l'exemple. Le mouvement prend chaque jour plus d'ampleur ; il ne dépend que de nous d'accélérer la marche triomphale de nos légitimes revendications.

La situation actuelle.

Une vaste enquête se poursuit à l'heure actuelle dans toute la France à l'effet d'établir le nombre précis des élèves des écoles libres et des élèves des écoles publiques dans l'ensemble des communes où se trouvent à la fois des écoles libres et des écoles publiques pendant l'année scolaire 1913.

Ce travail se poursuit notamment pour notre archidiocèse, mais il n'est pas terminé.

Les résultats connus à l'heure actuelle portent sur dix départements et sont des plus encourageants. Je les dois, par l'intermédiaire de M. le chanoine Mourot, à l'obligeance de M. Collin, inspecteur général des Ponts et Chaussées en retraite et l'un des plus zélés membres de la société générale d'éducation et d'enseignement.

Et pour emprunter à M. Collin sa conclusion, j'ajoute que si les autres départements de France et d'Algérie donnaient dans leur ensemble des résultats analogues à ceux des dix départements auxquels ces premiers relevés s'appliquent (et il n'est pas déraisonnable de l'espérer, attendu que ces dix départements appartiennent à peu près à toutes les régions, ainsi qu'à toutes les catégories, tant de départements où la proportion du nombre des élèves des écoles libres par rapport à la population scolaire est forte, que de départements où elle est faible au contraire, ou voisine de la moyenne), *on trouverait alors que dans le pays considéré dans son ensemble, les élèves des écoles libres seraient la majorité dans l'ensemble des communes où les populations ont la liberté matérielle du choix.* J'entends par là que ces résultats se manifestent dans les communes qui ont à la fois des écoles libres et des écoles publiques.

Supposons que l'enquête totale confirme ces premiers résultats, on serait autorisé à conclure que les enfants des écoles libres seraient probablement aussi la majorité par rapport à la population scolaire *totale* dans l'ensemble du pays, si **partout** existait cette liberté matérielle du choix, c'est-à-dire si la R. P. fonctionnait.

A fortiori seraient-ils bien la majorité si la liberté **morale** *du choix existait aussi*, c'est-à-dire si la pression gouvernementale cessait de s'exercer en faveur de l'enseignement public, c'est-à-dire si la liberté devenait enfin une réalité.

Collaboration des Amicales au mouvement d'opinion qui se poursuit.

Nous avons un merveilleux levier à notre disposition : nos Amicales, sachons l'utiliser.

Dans toutes les communes qui possèdent une école libre, nous devons, soit par l'intermédiaire de nos camarades conseillers municipaux, soit par voie de pétitions, promouvoir l'application de la R. P. communale, c'est-à-dire solliciter l'égalité des secours communaux : cantines, vêtements, fournitures scolaires aux enfants de toutes les écoles sans distinction.

Une première demande ne sera peut-être pas favorablement accueillie.

Ne pas craindre de la renouveler, une fois, deux fois, plusieurs fois, pour obliger nos édiles à mieux comprendre, à mieux étudier le problème, pour leur laisser l'odieux de refus successifs, pour émouvoir enfin l'opinion publique.

Et si cela ne suffit pas, organiser des campagnes de presse en restant strictement dans le domaine des idées sans effleurer les questions de personnes, essayer de persuader, de convaincre, d'enfoncer l'argument à coups de logique et d'insistance. La puissance des idées de justice est telle chez nous qu'elle finit toujours par triompher.

Je rends hommage en passant au vaillant directeur de l'École libre de Saint-Claude, M. Mistler, qui bataille, je sais avec quelle âpreté inlassable, quelle énergie et quel talent, pour arracher au conseil municipal hostile un minimum de justice qu'on n'osera bientôt plus lui refuser.

Il faut éclairer d'abord nos adhérents. Combien n'ont entendu parler de la R. P. que d'une oreille distraite sans en connaître le mécanisme si simple pourtant, combien la considèrent encore comme une chimère, comme un idéal que l'on peut formuler sans jamais espérer l'atteindre.

A tous ceux-là il faut ouvrir les yeux. Nos congrès ne peuvent obtenir ce résultat. Ils n'atteignent forcément qu'une élite : les délégués. C'est à ceux-ci, c'est à vous, Messieurs, qu'il appartient de répandre à votre tour la bonne semence autour de vous, parmi les vôtres, à la faire germer, et j'en suis certain d'avance, comme elle ne peut tomber qu'en terrain fertile, à lui faire rapporter cent pour un.

Quoi de plus simple en effet ? Vous avez un merveilleux instrument de propagande à votre disposition : le bulletin de vos Associations respectives. Ne craignez pas, Messieurs, d'y commenter les idées qui nous sont chères.

Le champ de la discussion est vaste, intéressant, passionnant même et de nature à séduire les plumes de talent qui sont l'orgueil de vos périodiques. Ne craignez pas les redites, car l'expérience a prouvé que de tous les arguments la répétition était souvent le meilleur.

L'Action Populaire, la Bonne Presse ont fait paraître sur cette question d'actualité d'intéressants opuscules rédigés avec une clarté et une verve remarquable. Démarquez, s'il le faut, comme je l'ai fait moi-même, et vous voyez que je n'ai pas eu honte de l'avouer, les passages qui vous auront plus particulièrement séduits ; c'est un procédé cher aux gens pressés et les préoccupations absorbantes de la vie ne nous laissent pas hélas, tous les loisirs nécessaires pour faire de la prose absolument originale et atteindre la perfection littéraire.

A quoi bon d'ailleurs ? Il s'agit moins de plaire que de convaincre et pour cela nous n'avons qu'à ramasser les arguments où ils se trouvent, dans notre cœur d'abord, et ensuite dans les mines fécondes que les collaborateurs de l'*Action Populaire*, les rédacteurs occasionnels de la *Bonne Presse* ont, sans souci de propriétaire littéraire, que dis-je, avec l'espoir d'être pillés, mis généreusement à notre disposition.

Après l'avoir posée devant nos camarades, nous nous devons de poser nettement la question de la R. P. devant l'opinion. Sachons profiter de nos situations respectives, de nos relations pour gagner du terrain dans les milieux indifférents ou hostiles. La presse libérale de notre région, dont nous connaissons tous la bonne volonté et le dévouement, nous donnera, j'en suis certain, une très large hospitalité dans ces colonnes. La presse n'est-elle pas le meilleur moyen de propagande moderne. Nous provoquerons la contradiction, peut-être même d'ardentes polémiques. Tant mieux, puisqu'il n'est pas de meilleur moyen pour atteindre nos adversaires, les ébranler et pourquoi pas les convaincre.

L'occasion est opportune. Les grands débats du Parlement ont mis à l'ordre du jour la R. P. politique. La nôtre n'est qu'une conséquence du principe de justice dont elles se réclament toutes. Elle vient à son heure, dans un public préparé à la discussion.

Nombreuses sont les assemblées communales ou départementales qui en ont parlé, les unes pour l'approuver, beaucoup pour la condamner et la maudire.

Agitons l'opinion, elle n'est après tout que ce qu'on la fait, et sachons par une propagande active et intelligente accélérer la marche conquérante de la R. P. et provoquer son triomphe définitif ».

Les conclusions de ce rapport ont été accueillies favorablement par les Congressistes qui ont bien voulu récompenser son auteur de son travail, par de sympathiques applaudissements.

Vœu

Comme conclusion pratique de ce rapport, l'Assemblée adopte à mains levées et à l'unanimité le vœu suivant :

Les Congressistes délégués de 14 associations, émettent le vœu que la liberté d'enseignement soit respectée en France et qu'elle soit à brève échéance complétée par son corollaire indispensable : la répartition proportionnelle scolaire intégrale.

Ils s'engagent à faire triompher par tous les moyens dont ils disposent, une réforme qui consacre un idéal de justice et d'égalité.

LES NÉCESSITÉS DES RAPPORTS

entre les Amicales et leurs Etablissements scolaires

M. Julien PILLOT, de l'Association Amicale St-Nicolas de Dijon, rapporteur

A M. Bergeret succède M. Julien Pillot, de l'Association Amicale Saint-Nicolas de Dijon, pour donner lecture de son rapport sur les nécessités des rapports entre les Amicales et leurs établissements scolaires :

MESSIEURS,

Avant d'aborder le sujet de mon rapport, je vous demande la permission de le faire précéder, le plus sommairement possible, d'une comparaison entre la situation en France des écoles officielles et de celle des écoles libres, bien que ce sujet ait été déjà traité d'une façon complète dans le rapport si remarquable et si documenté de M. E. Bergeret que nous venons d'entendre.

L'enseignement public est garanti par un arsenal de lois qui assurent son fonctionnement dans des conditions particulièrement privilégiées et le met à l'abri de toute inquiétude. Un budget spécial est ouvert pour toutes ses dépenses; des écoles également spéciales sont créées et alimentées aux frais de la nation, pour la formation de son personnel enseignant; une pression active est exercée sur les parents qui ont un lien de dépendance avec l'Etat (et ils sont nombreux) pour le choix de cet enseignement pour leurs enfants, certaines carrières sont systématiquement fermées aux anciens élèves de l'enseignement libre.

Il jouit en outre d'une manière générale de toutes les faveurs officielles et officieuses, surtout de celles de la secte maçonnique et de l'élément antichrétien.

De plus, et comme si les lois qui le protègent n'étaient pas suffisantes, nos parlementaires ne forgent-ils pas en ce moment et à son intention avec le libéralisme dont ils sont animés, une arme nouvelle qui est moins défensive qu'offensive, car, sous une forme déguisée, elle est une menace directe contre l'enseignement libre et ceux qui le soutiennent.

Professeurs et instituteurs sont eux-mêmes l'objet de la plus grande sollicitude; leurs traitements déjà raisonnables, si on les compare à la somme de travail qu'ils fournissent et aux services qu'ils rendent, ont été encore sensiblement améliorés, et d'autre part une pension de retraite met leurs vieux jours à l'abri.

A côté de la situation exceptionnellement privilégiée qui s'attache à l'Ecole publique, voyons celle de nos écoles libres.

Il n'est pas exagéré de dire que l'enseignement libre est en but aux vexations et tracasseries constantes de l'administration, et que cet esprit d'hostilité se fait sentir jusque dans les examens de fin d'études où règne souvent l'injustice.

On peut dire également que les adversaires de nos écoles, mécontents et inquiets de la réputation dont, à juste titre, elles continuent à jouir dans les familles et de la préférence marquée qui leur est donnée par un grand nombre d'entre elles, dirigent les attaques les plus perfides contre ces écoles et ne reculent devant aucun moyen, le moins avouable soit-il, pour essayer de les discréditer et de les détruire ; comme dernier exemple des agissements maçonniques, je citerai le projet de loi auquel je faisais allusion plus haut, lequel constitue la violation la plus flagrante et la plus hardie des droits du père de famille et l'atteinte la plus coupable qui puisse être portée à la liberté individuelle.

Les quelques libertés que puise l'enseignement libre dans les rares vestiges de la loi Falloux, portent ombrage à la secte malfaisante qui, malgré son nombre relativement minime, exerce encore une si funeste influence sur les destinées de notre pays, et c'est la raison qui l'a poussée dans sa haine contre cet enseignement, jusqu'à oser présenter un tel projet.

Au point de vue financier, l'école libre n'est pas en meilleure posture. Si les Etablissements d'enseignement secondaire ou ceux primaires payants peuvent boucler leurs budgets, quelles difficultés n'ont pas à surmonter les comités des Associations de chefs de famille pour réunir les ressources nécessaires à l'entretien des écoles gratuites, qui sont les plus nombreuses.

Par ailleurs, et eu égard à la situation véritablement précaire des maîtres de ces écoles au point de vue traitements et sécurité d'avenir, quels obstacles ne rencontrent et rencontreront-ils pas dans le recrutement du personnel enseignant ?

N'avons-nous pas également à redouter les influences et pressions de toutes sortes qui sont exercées sur les parents pour les empêcher de confier leurs enfants à nos écoles ?

Nous n'en sommes plus, hélas, au temps où règnait en France une ère de liberté pour l'enseignement, à l'époque où nos écoles étaient dirigées par les congréganistes et les disciples de Saint-Baptiste de la Salle et où les dépenses se couvraient facilement, puisque les besoins étaient moins grands, et le recrutement du personnel se faisait presque automatiquement.

J'aurais pu me dispenser de cet exposé fastidieux, tellement sont connus de tous, les faits qui y figurent, j'ai cru cependant devoir vous les rappeler et vous en infliger l'audition dans l'intérêt du sujet que je vais avoir l'honneur de traiter, car j'estime qu'on ne saurait jamais trop signaler le danger que courent nos écoles, et qu'en le faisant, on ne peut mieux justifier la nécessité de nos Amicales et des relations étroites et intimes qui doivent exister entre elles et les établissements scolaires auprès desquels elles fonctionnent.

Nous sommes des anciens élèves de l'enseignement libre, et nous devons rester éternellement reconnaissants à nos anciens maîtres de l'éducation chrétienne et de l'instruction qu'ils nous y ont données. Nous ne pouvons oublier que nous devons à cet enseignement les situations sociales modestes ou plus élevées que nous occupons : nous ne devons pas surtout oublier que c'est à lui que nous devons d'avoir conservé la foi chrétienne qui a permis bien souvent à beaucoup d'entre nous (comme elle est appelée à le permettre à d'autres) de surmonter avec courage les adversités de la vie et avec résignation les malheurs qui nous ont atteints dans nos plus chères affections.

Nous avons contracté à la sortie de l'école une dette d'honneur et de reconnaissance envers elle ; elle doit se transmettre à nos descendants et le seul moyen que nous ayons de nous en acquitter nous-mêmes, est de donner notre cœur et nos efforts à l'œuvre de défense de l'enseignement libre.

S'il est un devoir pour tous les catholiques de se consacrer à cette œuvre, l'obligation en est plus impérieuse encore pour les anciens élèves, surtout dans la période critique que nous traversons, où nous voyons nos adversaires mettre en action pour la combattre et l'anéantir toutes les forces officielles ou autres dont ils disposent, ameuter les ennemis irréductibles autant qu'insensés de la religion, et faire appel aux plus mauvaises passions, en mettant au service de leur vilaine cause les procédés les plus abjects et les plus grossiers.

Mais pour lutter efficacement, il faut préparer les moyens de défense, et en jetant un regard attentif sur ce que font nos adversaires, nous y trouverons des indications très utiles pour ce que nous avons à faire nous-mêmes.

Les défenseurs des écoles publiques se sont réunis et en groupes compacts et serrés ont constitué ce qu'on appelle « La ligue de l'Enseignement », c'est-à-dire une association générale dans laquelle sont entrés des personnages officiels, des anciens élèves, des professeurs et instituteurs et en un mot les militants les plus actifs de la lutte contre l'enseignement libre.

Autour de chaque école, et pour mieux dire dans chaque école, existe une section de cette Ligue qui est en permanence en contact direct et suivi avec elle et son personnel enseignant, se tient au courant de tous ses besoins, des revendications de ce personnel et apporte ainsi à l'un et à l'autre un concours moral effectif très précieux.

Elle a organisé quantité d'œuvres scolaires et post scolaires, des cercles laïques où sont enrégimentés les élèves, des conférences fréquentes pour les instituteurs auxquelles assistent toujours quelques-uns de ses délégués, des réunions fréquentes où sont examinées et décidées les mesures qui paraissent propres à favoriser le mouvement de protection de l'enseignement public, en même temps qu'à maintenir et amener sous le giron laïque des partisans nombreux.

Les résultats ainsi obtenus ont été considérables.

Notre devoir est d'imiter, dans l'intérêt de l'enseignement libre, ce qu'on a fait avec succès dans l'enseignement public et de faire mieux encore.

La Ligue de l'Enseignement libre existe bien chez nous sous la forme des associations de chefs de famille, mais le rôle de chacune n'est pas très étendu et son cercle d'action se borne autour de l'établissement scolaire qu'elle patronne ; de plus, les soucis qu'elle a d'assurer les besoins matériels et le fonctionnement de l'établissement lui-même, l'absorbent à ce point qu'elle ne peut s'occuper *seule* des autres questions qui intéressent l'école libre en général.

Les Amicales ont là un rôle important à remplir et elles doivent de plus en plus s'en pénétrer.

Tout en respectant les droits et prérogatives des associations des chefs de famille, qui ont la charge morale et financière de nos écoles, sans s'immiscer de la façon la plus légère dans les questions de direction et d'organisation intérieure, nos Amicales doivent collaborer avec elles ou à côté d'elles, et il y a suffisamment à faire pour qu'elle trouvent facilement un vaste champ d'action.

Nous parlions tout à l'heure d'œuvres scolaires et post scolaires, de conférences entre les instituteurs laïques et les affiliés de la Ligue de l'Enseignement. Nos Amicales ne peuvent-elles pas coopérer à de telles organisations ; ne peuvent-elles pas aussi instaurer dans le courant de l'année, avec l'autorisation de l'administration de nos écoles, quelques causeries sur des sujets de mutualité, d'association ou autres ?

Ne peuvent-elles pas aussi y créer des cours professionnels, de comptabilité, de droit usuel élémentaire, etc., toutes choses d'une utilité incontestable pour tous ? Nous savons que certaines Amicales sont déjà entrées dans cette voie, mais il faut que toutes suivent ce bon exemple.

A la veille du jour où certains enfants quittent pour toujours l'école, ces manifestations de vie seraient de nature à produire d'excellents effets sur ces jeunes gens et à les inviter à adhérer aux Amicales.

Mais pour arriver à un résultat pratique, il est indispensable que les Amicales se rapprochent de plus en plus de l'école.

Comment, en effet, auront-elles la notion exacte de l'œuvre à laquelle elles sont attachées si elles ne vivent pas à côté d'elle, si elles ne sont pas en communion d'idées avec ceux qui la composent, si elles ne prennent pas leurs inspirations dans le milieu même de l'école, aussi bien au contact des Maîtres qu'à celui des élèves.

Comment pourront-elles s'initier aux multiples questions qui intéressent l'enseignement libre si elles ne se documentent pas à la source même.

Parmi ces questions, prenons-en quelques-unes au hasard, celles qui touchent aux difficultés de recrutement du personnel enseignant, et de la situation précaire qui lui est faite et que tous nous déplorons.

N'est-ce pas servir la cause de l'Enseignement libre que de se préoccuper de ces graves problèmes qui intéressent au plus haut point la prospérité de nos Écoles, et ne devons-nous pas collaborer, dans notre sphère d'attributions, à la solution de l'un et à l'amélioration équitable et nécessaire de l'autre.

C'est encore au sein de l'École que nous puiserons les éléments les plus sûrs pour nous permettre d'aviser par une collaboration pratique aux moyens à employer pour atteindre ce double but.

D'autre part, si pour avoir dans une École un bon enseignement, il faut de bons professeurs, il faut aussi de bonnes fournitures classiques. Or, dans certaines écoles gratuites, il a été malheureusement constaté qu'il y a sinon pénurie, du moins des livres tellement détériorés, qu'ils peuvent à peine être employés, et d'autres tellement surannés qu'ils ne répondent plus aux exigences de l'enseignement actuel.

Or, et sans porter atteinte aux Associations des chefs de famille, les Amicales peuvent très bien en la circonstances intervenir pour apporter leur concours et aider à remédier à un tel état de choses.

Mais encore faut-il que les Amicales soient à même de connaître de tels besoins et ce n'est qu'en fréquentant l'École qu'elles pourront être renseignées.

Ces diverses considérations seraient à elles seules suffisantes pour justifier la nécessité des relations des Amicales avec leurs Établissements scolaires, s'il n'en existait pas quantité d'autres qu'il est impossible d'envisager ici.

Au surplus, et pour beaucoup d'Amicales, il n'y a qu'un pas à faire ; je veux parler de celles qui ont leur siège social dans l'Établissement scolaire même, car pour elles ces relations sont rendues très faciles et presque inévitables.

A ce sujet, j'ouvre une parenthèse pour exprimer un désir, celui de voir toutes les Amicales avoir leur lieu de réunion dans les locaux de l'école autour de laquelle elles sont fondées, car elles seront ainsi à proximité de l'œuvre qu'elles sont appelées à défendre.

Du reste, l'École est une famille à côté de celle naturelle que Dieu nous a donnée et nous devons suivre avec intérêt ceux qui plus heureux que nous, y sont encore ou y seront demain.

Les membres des Amicales doivent se considérer comme des frères aînés des jeunes et se conduire comme tels vis-à-vis d'eux. Cette parenté fictive doit tout au moins se traduire par des liens d'amitié et de bonne camaraderie, et les porter à prêter aux élèves secours et protection et à leur donner le bon exemple.

Ces sentiments ne peuvent se manifester que par une vie plus intime des Amicales avec les Écoles et ce rapprochement favorisera encore chez les enfants l'idée d'affiliation à nos Amicales, car malgré l'insouciance de leur jeune âge, leurs esprits seront frappés par ce qu'ils nous auront vu faire pour eux, et tout en faisant la part de l'ingratitude humaine, nous devons espérer que nous éveillerons chez beaucoup d'entre eux, la conscience de se rendre à leur tour utiles aux camarades qui leur auront succédé.

Ce sera donc pour les Amicales une propagande vivante et permanente, et l'assurance de voir continuer l'œuvre si noble qu'elles ont entreprise.

Dans un Bulletin d'une Amicale voisine, je lisais hier avec plaisir les souhaits et les remerciements que lui adressaient, le jour de sa fête annuelle, les jeunes élèves de l'École, et en même temps la promesse qu'ils lui faisaient de suivre sa trace quand le moment en serait venu pour eux.

Cet exemple frappant émane très certainement d'une Ecole où il existe l'intimité que nous devons désirer et justifie ce que l'on est en droit d'en attendre partout où elle se produira.

Enfin, les éducateurs actuels qui ont remplacé nos maîtres disparus, remplissent comme eux leur mission souvent ingrate, avec zèle et dévouement ; ils sont obligés en raison des circonstances dont nous avons parlé, de se contenter de salaires modestes, quelquefois même insuffisants pour ceux qui ont de la famille ; rien ne les garantit contre les infirmités ou la vieillesse, puisque jusqu'à présent il n'a pu être constitué à leur profit une caisse de retraite ; ils ont en somme, dans nos Écoles une situation précaire et incertaine et nous devons leur savoir gré de l'accepter sans se plaindre.

Nous devons essayer de les dédommager en les entourant de notre sollicitude et de nos sympathies, d'autant qu'ils sont des auxiliaires précieux de nos Amicales, en ce sens que par la légitime influence qu'ils exercent paternellement sur leurs élèves, ils contribuent à l'entrée de ceux-ci dans nos rangs.

Du reste, autrefois, du temps de nos anciens maîtres, ces rapports constants et intimes existaient généralement et chacun se faisait un plaisir et un devoir de les entretenir.

Pour ceux qui auront eu les nouveaux maîtres, ces relations étroites doivent exister avec le même caractère d'affection, et pour tous, jeunes et vieux, elles sont indispensables puisque maîtres et membres des Amicales nous avons le même idéal, nous travaillons sous des titres différents mais convergents au même but, c'est-à-dire pour la cause de l'Enseignement catholique.

Pour terminer, j'exprime un autre désir, celui de voir les Amicales voisines se réunir aussi souvent que possible, afin de combiner leurs idées et assembler leurs efforts, et arriver ainsi à un travail plus certain et plus fécond. N'attendons pas plus longtemps pour mettre en pratique les idées ci-dessus émises, et nous ne tarderons pas à constater d'heureux résultats. Nous aurons une fois de plus bien mérité de la cause si noble de l'Enseignement libre.

***

De sympathiques applaudissements soulignent la finale de ce très intéressant rapport.

M. Pillot ajoute :

Comme conclusion, je soumets à votre appréciation les vœux suivants :

1º Que le siège des Amicales soit de préférence et autant que faire se pourra, dans les locaux de l'école patronnée ;

2º Que pour coopérer plus efficacement à la prospérité des écoles libres, les Amicales entretiennent avec elles, les maîtres qui les dirigent et les comités qui les administrent, des relations suivies ;

3º Que les Amicales contribuent à éveiller l'idée mutualiste au sein des écoles et à y créer de concert avec les associations des chefs de famille et les maîtres, des œuvres, conférences ou cours qui auront pour effet de resserrer davantage ces relations et de démontrer l'utilité des Amicales ; que notamment une conférence ait lieu à la fin de l'année scolaire,

Que d'autre part les membres des Amicales se mêlent aux élèves lors des principales fêtes ou solennités religieuses ;

4º Qu'elles recherchent de concert avec les Associations des chefs de famille et les maîtres, les moyens propres à défendre l'Enseignement libre et à améliorer le sort du personnel enseignant.

Tous ces vœux ont été adoptés après une très intéressante discussion à laquelle ont pris part des représentants de presque toutes les Associations.

M. l'archiprêtre de Vesoul se faisant l'interprète de

tous veut bien adresser quelques paroles aimables aux rapporteurs et les remercier d'avoir fait œuvre utile et pratique.

Sur sa proposition un long télégramme est adressé au nom des Congressistes à Mgr l'archevêque de Besançon, dans lequel ces derniers l'assurent de leur filial respect et sollicitent humblement sa bénédiction.

Aucune autre question ne figurant à l'ordre du jour et personne n'ayant demandé à faire au Congrès une communication ou une proposition nouvelle, la séance d'études est levée à 6 heures du soir.

BANQUET AU BUFFET

A 7 heures les Congressistes se retrouvaient au Buffet de la gare de l'Est, autour d'une table élégamment servie. Bon nombre de leurs camarades vésuliens s'étaient joints à eux pour mieux apprécier le charme de leur intimité.

PUNCH A L'HOTEL DE L'EUROPE

A 8 h. 1/2 le rendez-vous était donné dans les salons de l'Hôtel de l'Europe où les amis de Vesoul se proposaient d'offrir un punch à leurs invités.

Ceux-ci étaient venus en grand nombre. Nous étions plus de 80 à cette charmante soirée.

Dans une salle magnifiquement décorée et ruisselante de lumière, de petites tables avaient été dressées pour permettre aux Congressistes de se grouper suivant leurs affinités ou leurs sympathies.

Nous n'entrerons pas dans le détail du menu. Disons seulement que les organisateurs ont bien fait les choses et que les plus difficiles n'ont pu que se déclarer satisfaits.

Au programme de la soirée figuraient non seulement des liqueurs et desserts variés, mais d'excellente musique, qui lui donnait un très réel cachet d'élégance.

M. Munier, du Conservatoire de Paris et M. Morniroli, l'excellent ténor dijonnais, avaient bien voulu nous réserver le régal de leurs talents si souples et si divers. A l'émotion très saine que provoquait l'audition de morceaux admirablement choisis, succédait la gaîté des chansons humoristiques, car à ces deux artistes s'était joint spontanément un jeune dragon, de l'Association de Gy, qui dit fort gentiment la chansonnette.

M. Yung, professeur à Gy et excellent violoniste par dessus le marché, a fait applaudir des morceaux qui avaient un vieux fumet de Saint-Remy, tout particulièrement apprécié des anciens de ce collège. Il était accompagné au piano par M. Chapuis.

Il serait injuste d'oublier le très spirituel et sympatique M. H. Poupon, qui a voulu (pouvait-il faire autrement ?) mettre son petit grain de piment dans cette sauce musicale. Il a déchaîné, l'heure étant propice, cette bonne vieille gaîté qui n'est pas la moins appréciée des spécialités dijonnaises.

M⁰ Bergeret, au nom des deux Associations de Saint-Remy et de Vesoul, porta ensuite la santé des invités en termes aimables et leur dit toute la joie qu'il éprouvait à les voir si nombreux accourir à son appel.

Et il ajouta :

Vous êtes étonnés peut-être de vous trouver ici. Pourquoi, en effet, un punch, et pas une soirée artistique et musicale ? Parce qu'il n'est pas nécessaire de faire comme tout le monde. Et puis, soyons francs, parce que les éléments nous manquent pour rivaliser avec les splendides soirées que vous nous avez offertes.

Vous nous avez gâté, Messieurs, et enlevé tout espoir de rivaliser avec vous, à plus forte raison de vous surpasser. Bref, nous nous sommes contentés d'un modeste punch, faute de pouvoir vous offrir une représentation proportionnée (j'allais dire proportionnelle) aux vôtres.

Nous avons cherché du moins, à nous distinguer par la qualité des artistes et vous conviendrez que nous avons pleinement réussi.

Enfin, dans nos pays, où l'on a du sang bourguignon dans les veines, on ne déteste pas, en temps de chaleur surtout, les réunions autour d'une table, à l'heure indécise où la lune point et où s'allument les lampes. Il y a, semble-t-il, plus d'intimité, de cordialité, on apprend mieux à se connaître et de cette connaissance naît l'estime et l'entente en vue du but commun.

Après demain nous continuerons à goûter le charme de votre présence dans une gentille excursion dans nos Vosges saônoises, que je voudrais voir favorisée du beau temps. Je vous y invite tous : j'espère que beaucoup se laisseront tenter par le soleil et la montagne. Ils n'auront pas à le regretter.

Nos groupements régionaux ont fait tomber les cloisons étanches qui séparaient jadis les élèves de provenances diverses — les derniers hésitants viendront à leur tour.

Nous sommes déjà une force — nous deviendrons une puissance — le jour où, coordonnant nos efforts, rassemblant nos énergies, nous aurons groupé toutes les Amicales libres de France. Ce jour-là, nous pourrons parler haut et conquérir de haute lutte les positions ennemies.

Je salue l'aurore de ce beau jour. Au désarroi de l'adversaire je comprends ses angoisses et notre force, et j'en conclus que nous devons moins que jamais désarmer et le presser l'épée aux reins jusqu'à complète capitulation.

Je salue en vous les officiers qui instruisent nos troupes avec un inlassable dévouement, et joignant dans un même amour vos personnes et notre idéal commun, je bois à votre santé, Messieurs, et à notre prochaine victoire.

Cette belle soirée s'acheva dans la gaîté la plus franche et du meilleur aloi, ce qui fera dire à M. Poupon, de retour dans ses pénates :

> A Vesoul
> On rit tout son saoûl,
> Au Thillot
> On rit par trop.

JOURNÉE DU DIMANCHE

Dans la matinée, réunion à la maison Saint-Jean des Amicales de Saint-Remy et des Frères de Vesoul.

Les Congressistes veulent bien honorer ces réunions de leur présence. Au programme de l'Assemblée générale des anciens de Saint-Remy, figure l'inauguration d'une plaque commémorative où sont gravés les noms des anciens du Collège, morts au champ d'honneur.

Tous les Congressistes assistent à cette touchante cérémonie. M. l'abbé Thouret, ancien de Saint-Remy, bénit la plaque qui a été sauvée lors de l'expulsion des Frères de Marie de Saint-Remy, pieusement dissimulée depuis et que l'on replace provisoirement dans la chapelle de la maison Saint-Jean.

Voici ce qui est écrit sur ce monument de piété fraternelle :

A LA MÉMOIRE

des Anciens Elèves du Collège de Saint-Remy morts pour la Patrie

MIGNARD Jules, de Vesoul (Crimée 1854)
DE RANTY, Jules, de Villars-Saint-Marcellin (Mexique 1862)
BERGEZ, Edouard, d'Amance (Saint-Privat 1870)
MARICHAL, Henri, de Baulay (Belfort 1871)
BÉCHELIN, Hilaire, de Steinbach (Tonkin 1883)
PERRIN, Albert, de Bainville-aux-Saules (Tonkin 1896)
PELTIER, Henri, de Saint-Dié (Tonkin 1896)
BLOT, Emile, de Contrexéville (Madagascar (1896)
THIS, René, de Thann (Tonkin 1898)
MICHAUT, Abel, Sefrou (Maroc 1911)
RENAHY, François, Fez (Maroc 1911)

M. Bergeret, au nom de l'Association de Saint-Remy prononça une émouvante allocution, hommage respectueux et fier des vivants, prêts, eux aussi, à faire le sacrifice de leur existence si les circonstances l'exigeaient :

« La liste glorieuse de nos camarades morts au champ d'honneur s'est allongée de deux noms : Michaut et Renahy.

« Nos *Annales* vous ont déjà retracé les dernières heures de ces braves, tous deux officiers et qui ont trouvé la mort l'un et l'autre aux colonies, loin des leurs, loin de la France dont ils s'efforçaient d'accroître le patrimoine.

« Lieutenant au 3e chasseurs d'Afrique, François Renahy, épris de gloire et de combats était joyeusement parti au Maroc, dans un poste dangereux de 1re ligne, qu'il avait sollicité. A peine avait-il rejoint son thabor qu'éclata la sanglante révolution de Fez.

« Renahy vit l'importance du danger, prit soin d'assurer le salut de ses camarades en les prévenant, et tranquillement resta à son poste de combat pour défendre les choses dont il avait la garde. Il soutint, une journée durant, un siège en règle contre les rebelles, et succomba vers trois heures du soir d'une balle en plein front.

« Le colonel Mangin, qui s'y connaît en bravoure, a dit de lui à ses proches : « Votre frère s'est magnifiquement comporté en des circonstances extrêmement difficiles, avec le plus grand sang-froid, il a donné à tous le signal d'alarme ; il a permis d'organiser à temps la résistance et d'enrayer la révolte, puis, ce devoir accompli, il est resté noblement à son poste et y est tombé glorieusement en soldat. »

« S'il est mort en soldat, Renahy est également mort en chrétien. Dans l'inventaire de ses effets, on a retrouvé un livre de messe, et quand on a découvert son corps mutilé, c'est la médaille qu'il portait qui a permis de l'identifier.

« Il importe de ne pas laisser tomber dans l'oubli de pareils exemples, et c'est pour en perpétuer le souvenir que nous avons gravé son nom désormais glorieux sur ce marbre.

« Le capitaine Michaut, dont nous déplorons aussi la récente perte, appartenait à l'arme de l'infanterie coloniale. Il n'a pas eu du moins la consolation de mourir en combattant.

« Blessé à Sefrou (Maroc) dans une de ces luttes perfides qui sont la rançon journalière des coloniaux, il avait échappé par miracle à la mort. A demi guéri, chargé d'honneurs, il venait de recevoir la croix, et on parlait de lui pour le 4ᵉ galon, juste récompense de sa vaillante conduite et de l'intelligence dont il avait fait preuve au cours de ses nombreuses campagnes. Il s'apprêtait à regagner la France, à retrouver une épouse chérie et les fraîches caresses d'un nouveau-né, lorsqu'il fut terrassé à l'hôpital de Sefrou par la fièvre typhoïde. Et voilà pourquoi nous avons le droit de le classer parmi les morts à l'ennemi.

« Nous avons eu la chance de sauver du pillage de notre collège le marbre déjà trop étroit pour recueillir les noms des victimes de la Patrie. C'est une parcelle de Saint-Remy que nous retrouvons ici, et qui rend notre réunion plus intime et plus touchante. Nous nous retrouvons un peu chez nous, et en remuant la cendre des chers souvenirs, il me vient à l'esprit que d'autres victimes sont tombées, que vous connaissez bien, victimes du devoir religieux, et de leur fidélité à la parole donnée à Dieu.

« Elles reposent, celles-là, dans des terres d'exil, et comme nos camarades tombés au champ d'honneur, nos vieux maîtres défunts ont bien mérité de la Patrie française. Permettez-moi d'associer respectueusement leur souvenir commun, et me faisant l'interprète de vos sentiments unanimes, de proclamer bien haut que si tout a changé hélas ! autour de nous, il y a quelque chose qui ne change pas, c'est notre culte inébranlable pour ces deux choses sacrées qui ont provoqué le sacrifice de nos camarades et de nos maîtres : la Patrie et Dieu ! »

LA MESSE

Il est onze heures, les Anciens élèves de l'Enseignement libre se rendent à l'église pour y entendre la Messe. Des places leur ont été réservées dans la nef principale et on a eu l'heureuse idée de grouper à leurs côtés, les jeunes élèves des écoles libres.

A l'évangile, M. le curé de Vesoul monta en chair, et donna lecture d'un télégramme de Mgr l'archevêque de Besançon, remerciant, encourageant et bénissant les Congressistes. Puis M. le curé prononça la superbe allocution qu'on va lire :

Messieurs,

C'est un hymne de reconnaissance que votre présence dans cette enceinte ; mais vous ne devez pas être seuls à en faire monter les accents sous les voûtes de ce sanctuaire. Catholiques de cette cité, prêtres et fidèles, tous nous nous unissons à vous, car le bienfait dont vous remerciez Dieu est en même temps que le vôtre, celui de toute la région. Il constitue comme un patrimoine commun auquel nous avons part, et dont tous nous avons tiré bénéfice et honneur.

Reconnaissance donc à Dieu, dont la providence a préparé sur votre chemin des écoles chrétiennes.

Reconnaissance à Dieu qui a inspiré à vos familles de faire les sacrifices nécessaires pour que vous puissiez prendre place dans ces écoles.

Reconnaissance à Dieu qui, par le moyen des maîtres distingués et dévoués que vous y avez trouvés, vous a procuré une éducation faite de virilité, de conscience et de religion.

Ayant devant moi, aujourd'hui, la phalange d'élite dont l'enseignement libre a doté notre région de l'Est, que puis-je faire de plus approprié à la circonstance que de retracer rapidement la mission, les luttes et les résultats de cet enseignement.

Le choix que vous avez fait pour vous réunir cette année de la fête de saint Jean-Baptiste m'y aidera, tant il y a de traces de similitude entre la vie de cet homme extraordinaire, envoyé de Dieu, et le grand bienfait de l'enseignement libre catholique de nos jours.

Voyez plutôt, saint Jean-Baptiste s'est défini lui-même une voix, un enseignement, l'enseignement oral des vérités chrétiennes.

Il a été persécuté, et cependant quelle œuvre il a accomplie !

Ainsi l'enseignement libre n'a-t-il pas été ou une organisation publique ou une tentative armée, mais seulement une voix disant la vérité religieuse. Cette voix a retenti en un moment qui rappelle celui où Jean-Baptiste se fit entendre.

L'histoire de Jean-Baptiste est à s'y méprendre le récit anticipé de ce qui se passe sous nos yeux, en plein pays de France. On dirait une prophétie dont l'accomplissement se déroule au sein de notre société, sortie de sa voie et prise d'effroi en face de l'avenir.

N'est-elle pas grave la crise que traverse depuis tantôt un siècle, notre patrie ?

Si elle a pu jadis se dire le peuple choisi de Dieu et bénéficier de sa prédilection, ses infidélités semblent avoir mérité, sinon la répudiation, du moins un exemplaire abandon qui réjouit ses ennemis, en face de l'univers pris de pitié et d'anxiété.

Que de secousses volcaniques ont changé son sol politique, et rejeté çà et là le sceptre de l'autorité. Ne s'est-il pas trouvé des prophètes de malheur pour crier d'avance : finis Galliæ ? N'y a-t-il pas à nos frontières, debout et menaçant, un colosse armé qui se croit la mission de la faire disparaître de la carte des nations ?

Dieu me garde de parler en découragé et de laisser passer un sentiment de défiance en la Providence, mais je puis cependant signaler d'un mot l'angoisse qui étreint le cœur de tous les Français et murmurer tout bas ce que les hommes du gouvernement actuel crient hautement au Parlement et à la France entière : L'heure est grave ! Pourquoi ? Parce que Dieu méconnu s'est retiré.

Il est urgent de le rappeler. Heureux qui sera le messager

de son retour. Ce rôle ce n'est pas à un individu, à une vie d'homme qu'il peut être dévolu, il ne peut être qu'un effort social, qu'un travail collectif et de longue haleine.

Saluons l'envoyé du Très-Haut et disons avec Zacharie : « *Et tu propheta Altissimi vocaberis* ».

C'est vers l'enseignement qu'il faut se tourner, c'est à lui qu'il faut adresser cet appel. Quoi ! en France, en notre siècle de liberté, l'enseignement officiel, celui que l'Etat impose, que tous doivent stipendier, en est à la méconnaissance que le Précurseur reprochait aux juifs : « Il est au milieu de vous et vous l'ignorez ».

Oui les maîtres et docteurs de l'Etat en leurs chaires de tout nom, doivent ignorer le libérateur du genre humain et son Evangile, charte fondamentale de la civilisation chrétienne.

Il y a quelques jours, on les encourageait même à ignorer Dieu, celui qui, quoi qu'on fasse, sera toujours la pierre angulaire de toute morale et de toute institution sociale.

Le masque de la neutralité est tombé, l'aveu en est fait : nous avons devant nous l'athéisme, c'est-à-dire la négation de tout droit, de toute autorité, même de toute providence et de toute religion.

Et cela à l'heure où dans les profondeurs de la société, se font entendre des craquements sinistres, quand des menaces d'invasion arrivent du dehors et font frissonner l'âme nationale, à l'heure où il faut trouver un point d'appui et dire de quel coté peut venir le salut.

Instinctivement les regards se portent à l'horizon, et peut-être que si un homme passait, dont le regard ou l'épée jetaient une flamme, il y en aurait pour espérer en lui. A défaut d'un homme qui l'incarne, ils sont nombreux ceux qui comptent sur la Force et lui crient avec anxiété : « Sois le Messie, défends nos propriétés et nos vies ». La force ne peut être un salut désirable, car la force d'aujourd'hui ne sera pas la force de demain. Elle n'est pas le salut pour qui l'appelle, mais pour qui la produit.

D'autres vont à la Science et celle-ci, après avoir fait de grandes promesses, a la pudeur d'être plus modeste et réclame seulement le mérite de ne pas avoir fait faillite dans le domaine spéculatif qui lui est propre.

Il en est qui voudraient parler encore de solidarité universelle et d'entente pacifique quand le choc des nations armées et le bruit des trônes renversés réveillent en sursaut ceux qui cherchaient à s'endormir dans des rêveries insensées.

Illusions et mensonges ! Toutes les théories supprimant Dieu ne peuvent que nous conduire à la mort, comme ce faux messie du temps de saint Jean-Baptiste, Judas-le-Gaulonite, qui fit massacrer ses partisans dans les plaines de la Palestine.

Il n'est, il ne peut être d'autre sauveur que Dieu, et son précurseur, de nos jours, c'est l'enseignement chrétien.

Ainsi le comprirent au début de la crise, dans un moment de lucidité qui fut le point de départ de la liberté d'enseignement, des hommes d'Etat, victimes jusqu'alors de préventions hostiles, tel M. Cousin, l'irréductible universitaire qui peu de jours après le 24 février 1848, rencontrant M. de Remusat lui dit tout effaré, levant les mains au ciel : « Mon ami, courons nous jeter dans les bras des évêques, eux seuls peuvent nous sauver aujourd'hui ». Tel M. Thiers lui-même, écrivant le 2 mai 1848 : « L'œuvre née d'aujourd'hui, c'est la démagogie, et je ne lui livrerai pas le dernier rempart de l'ordre social, l'établissement catholique ».

Eclairs de sagesse auxquels l'enseignement libre catholique dut de pouvoir faire ses preuves. Ardent à l'œuvre, associant la foi à la science, il s'employa tout entier à poursuivre l'éducation en même temps que l'instruction, affirmant l'existence de Dieu et de ses préceptes, montrant son action dans les grands faits de l'histoire, comme dans les phénomènes de la nature, et sur son décalogue établissant solidement la vertu des individus, la prospérité des familles et la sécurité des nations.

Comme la voix de Jean-Baptiste ne retentit pas sans éveiller du même coup des acclamations et des oppositions, l'enseignement libre fut bientôt un signe de contradiction.

Pendant que depuis soixante ans se sont ligués contre lui tous les ennemis de l'ordre et des droits légitimes, qu'ont retenti des cris de rage, qu'ont été tentés, mais sans succès, des efforts de destruction, portées des lois d'opposition et de révoltante hostilité, inventées des calomnies indignes, et perpétués des attentats monstrueux, quel beau spectacle a été donné au monde par les partisans de cette liberté libératrice ! Faire sortir de terre comme par enchantement, des écoles sans nombre, susciter des légions de maîtres et de maîtresses, rivaliser avec l'Etat, tour à tour défiant ou oppresseur, c'était assumer la charge du ciel sur ses épaules, mieux que cela, c'était comme le géant de la légende chrétienne, prendre sur ses épaules l'Enfant-Dieu pour lui faire traverser un torrent débordé dans une nuit de tempête. La charité catholique ne recula devant rien, c'était un fardeau divin.

Il fut un temps, en 1897, où au témoignage du ministère de l'Instruction publique, 53.502 instituteurs ou institutrices libres dépensaient en même temps leur vie au service des enfants du peuple. Un budget annuel de cinquante-six millions fut doublé et royalement fut soldé par la libéralité des catholiques, déjà seule à supporter tant d'autres charges.

Quand la postérité additionnera ces millions et ces millions versés pendant tant d'années par les fils de l'Eglise, elle trouvera que cet effort fut un effort héroïque. Quand, plus belles encore que les choses qui se voient, Dieu additionnera là-haut celles qui ne se voient pas, tant de vies dépensées, d'existences consacrées, j'ai la confiance qu'il les fera compter pour la rançon de notre pays.

Et en attendant quels sont les résultats acquis ?

Les principes libérateurs de l'ordre public ont été affirmés, enseignés et mis à la base d'existences multiples.

Dieu, le devoir, la conscience, le dévouement, toutes ces notions autrement moralisatrices que toutes les vagues données de la morale civique, ont été inculquées à des milliers d'intelligence et gravées dans des consciences qui ne les oublieront jamais ;

Puis voyez une phalange d'hommes d'élite, de citoyens vaillants a été formée, qui est rebelle à tous les entraînements néfastes et se dresse comme un rempart en face du désordre et de l'anarchie.

Vous m'en êtes témoins :

S'il a retenti ce cri odieux : « Ni Dieu, ni maître », ce n'est pas de vos rangs qu'il est parti.

S'il s'est fomenté une guerre sociale au cri de : « Mort au capital », ce n'est pas dans notre décalogue qu'elle a trouvé son origine.

Si on a osé déclarer qu'il n'y avait pas d'autre idéal que celui qui consiste à jouir et à se satisfaire, ce n'est ni la parole, ni l'exemple de nos maîtres qui lui a donné naissance.

S'il s'est trouvé un homme pour vouer le drapeau national

à la pourriture et au fumier, nulle part il n'a suscité horreur et opposition autant que dans nos rangs.

Si la propriété a été violée outrageusement, nos élèves en ont-ils été les auteurs ou les victimes ? Et si, pour des milliers de Français, l'exil a été la condition pour faire le bien et donner l'enseignement qui fait la force des nations, sont-ce nos maîtres qui ont réclamé ce régime de persécutions pour leurs neveux, ou ne sont-ils pas ceux qui le subissent.

Si la famille s'effondre, si la patrie se meurt d'une dépopulation croissante, c'est que notre enseignement n'a pu prévaloir sur les principes de l'altruisme et de la morale indépendante. Attaqué, menacé, il peut être étouffé demain sous les coups de l'immoralité et de l'irréligion, car ils s'entendent unanimement à le proscrire, ceux qui veulent le désordre et l'anarchie, le divorce ou l'union libre, le triomphe de la licence et le règne de la chair. Je suis presque tenté de dire : qu'il succombe s'il faut, notre enseignement libre il a fait son œuvre, il a montré Dieu à une génération, formé une élite dans la nation, enrôlé ses meilleurs disciples sous l'étendard du Christ qui sauve les nations.

Non ce n'est pas de vos rangs qu'est parti le blasphème : « Ni Dieu ni maître ».

Ce n'est pas l'un d'entre vous qui dirait : autant Prussien que Français ;

Ce n'est pas sur vos drapeaux qu'on lira jamais : horreur à l'armée ;

Ce n'est pas dans vos foyers que prévaudra l'union libre ;

Ce n'est pas vous qui tendrez les mains vers le trou noir et vide du néant, comme vers le but final de l'homme ;

Ce ne sont pas vos cœurs, qui aux auteurs de votre vie, ne sauraient souhaiter autre chose que la mise en bon rang dans le charnier commun, ou la destruction savante dans quelque four crématoire.

Ah Messieurs, en vous voyant, je crois au relèvement de la France, au triomphe de la vérité et du bon droit.

Je crois au relèvement qui sera le fruit certain de l'Enseignement libre. J'y crois à cause des disparus. Ils sont nombreux ceux qui, bravement sur tous les champs de bataille ont donné leur sang pour le pays. Elles sont nombreuses les listes qui, comme celle que vous venez d'attacher aux murs de notre chapelle des Congrégations, diront à nos enfants les héros sortis de nos écoles.

J'y crois surtout à cause des survivants, à cause de vos Associations organisées et disciplinées, parmi lesquelles je vois tant de pères de famille fidèles à Dieu, tant de vrais patriotes prêts à tous les sacrifices.

Un jour Jésus-Christ, interrompant le cours de ses enseignements moraux et comme pressé d'accomplir un devoir urgent, se prit à dire à la foule : Qu'êtes-vous venu voir, un roseau ? Non ! Un homme vêtu mollement ? Non. Un prophète ? Oui, plus qu'un prophète, et cédant à l'émotion de son âme, dans un dernier trait il résuma sa pensée et s'écria : *Inter natos mulierum non surrexit major*, parmi les enfants de la femme il ne s'en est pas vu de plus grand.

Non surrexit major. Ce sera mon dernier mot sur l'Enseignement libre, mon salut respectueux à votre Congrès. D'œuvre plus grande, plus salutaire que l'Enseignement libre, il n'en est point.

Pour la soutenir, la faire vivre et survivre aux coups mortels dont elle est menacée, il faut des convictions, du dévouement, de l'énergie, de la persévérance.

Anciens élèves de nos écoles catholiques, vous saurez vous dévouer et suffire à cette obligation : votre parole en a été donnée et vous la tiendrez.

Et vous tous mes frères, vous y contribuerez sans hésiter et dans une large mesure.

Votre vie y trouvera son honneur, la patrie vous en devra ses meilleures garanties de paix et de prospérité, et le ciel vous en sera la récompense.

LE BANQUET

Il fut servi à l'Hôtel de l'Europe. Cent dix convives prirent place autour des tables. M. Mack, présidait, ayant à ses côtés le cher frère Régis, M. Fachard, ancien député de Vesoul, M. le chanoine Leblond, directeur de Malroy. En face, M. Eugène Bergeret, M. l'abbé Thouret, directeur au grand séminaire de Faverney, M. Barraux, M. Monnier Louis, agrégé de l'Université, inspecteur de l'enseignement libre pour le diocèse de Besançon, etc.

A l'heure des toasts, M. Bergeret prit le premier la parole en ces termes :

MONSIEUR LE PRÉSIDENT,
MESSIEURS ET CHERS CAMARADES,

C'est la première fois qu'échoit à l'Association des anciens élèves de Saint-Remy et à celle des anciens élèves des Frères de Vesoul que j'ai l'avantage de représenter, le plaisir et l'honneur d'organiser un congrès des Amicales de l'enseignement libre.

Je tiens à remercier en leur nom le Comité central du choix qu'il a fait de notre ville pour cette belle manifestation. Je tiens surtout à vous dire, Messieurs, le plaisir que nous éprouvons de votre présence au milieu de nous.

Nous étions hier encore, l'un pour l'autre, des inconnus, et il a suffi de nous voir pour qu'un courant de sympathie s'établisse, sympathie qui a sa source dans la communauté de nos origines et dans nos aspirations communes vers un même idéal chrétien de justice et de liberté.

Mgr l'archevêque de Besançon a bien voulu nous donner une marque de son estime, en acceptant la présidence d'honneur de notre Congrès. Il a mis le comble à nos désirs, et je l'en remercie, en déléguant pour le représenter un des prêtres les plus distingués et les plus sympathiques du diocèse, notre vénérable curé, dont vous avez ce matin pu apprécier le zèle apostolique, l'élévation de pensées et le talent qui, joints à une sainteté devant laquelle tout le monde s'incline, forcent à Vesoul l'admiration de ceux-là même qui ne croient pas.

Je remercie M. Mack d'avoir bien voulu accepter la présidence de ce banquet. Il est l'homme de tous les dévouements, payant largement de sa personne et de sa bourse, et ce n'est pas froisser sa modestie de le reconnaître publiquement, puisqu'un mieux qualifié que moi l'a solennellement proclamé, en attachant sur sa poitrine une décoration qui ne va jamais qu'au mérite éprouvé.

Les camarades de Vesoul le connaissent de longue date, et je crois traduire leurs sentiments unanimes en l'assurant, non pas du bout des lèvres, mais du fond du cœur, de notre affectueuse sympathie, et en leur nom je forme le vœux qu'il reste encore longtemps au poste de combat qu'il a si vaillamment accepté parmi nous.

Merci à vous tous MM. les délégués des Amicales de la région.

Vous avez répondu avec empressement à notre appel, témoignant ainsi de l'intérêt que vous portez à notre œuvre commune.

Nous avons appris, et ce fut tout plaisir pour nous, à vous connaître et à vous apprécier, et de l'échange d'idées et de sympathies qui est le résultat de ces charmantes rencontres, résultera, j'en suis certain, une union plus étroite entre nos Associations pour mener à bien la tâche difficile que nous poursuivons.

A vous tout particulièrement mes souhaits de bienvenue MM. les délégués de Gy et de Belfort.

Vous êtes les benjamins de la maison, les nouveaux nés à notre vie commune. Permettez-moi de vous féliciter d'avoir choisi la date de ce Congrès pour nous apporter comme don de joyeux avènement l'adhésion toute fraîche de vos vaillantes Associations.

Votre exemple sera suivi, j'en suis certain, par ceux qui nous connaissent mal ou qui ne nous connaissent pas encore. C'est dans cet espoir que je salue mon excellent ami M. Bruneau, le président de l'Amicale des anciens élèves de l'Ecole d'agriculture de Saint-Rémy Grangeneuve. En venant à nous spontanément, il n'engage que lui jusqu'à présent, mais ce serait méconnaître son caractère d'apôtre que de le croire capable de ne pas entraîner à sa suite l'Association dont il est le président aimé, si, comme je l'espère, nous avons réussi à le convaincre de l'utilité de notre groupement.

Ce lui sera d'ailleurs un excellente occasion de rattacher au sol d'où elle est issue une école qui fut jadis la gloire de notre terre comtoise et que la sottise des persécuteurs a jeté momentanément hors de France, école qui est restée éminemment française par ses maîtres, par ses élèves, par la tournure de son enseignement et par le prestige, dont elle fait bénéficier à l'étranger, la patrie qui l'a méconnue.

Je salue également tous ceux de nos camarades qui ont bien voulu se joindre à nous. La date de notre Congrès qui coïncidait pour beaucoup avec d'urgents travaux auxquels ils ne pouvaient se soustraire, en a empêché un grand nombre d'être des nôtres aujourd'hui. Du moins sont-ils de cœur avec nous si j'en juge au ton chaleureux et unanime de leurs lettres d'excuses et de regrets.

Je m'en voudrais d'oublier ceux de nos camarades qui on organisé ce Congrès, les membres du Comité des deux Associations vésuliennes, et surtout celui d'entre eux dont l'intelligente activité, les méthodes pratiques et simples, la bonne humeur communicative, l'affabilité et le dévouement en ont assuré le plein succès, j'ai nommé mon excellent ami Anselme Pinot.

Habitué de tous les Congrès, il était mieux qualifié que tout autre pour assumer cette tâche délicate et la mener à bien. Il me permettra de l'en féliciter ainsi que ces collaborateurs.

Et, ouvrant ici une parenthèse, je ne puis résister au plaisir de le féliciter aussi des suffrages sympathiques et nombreux qu'il vient d'obtenir et qui l'ont porté cette semaine même à la présidence d'une société locale qui ne pouvait trouver plus sûr moyen de s'assurer le succès et la durée.

Dans un siècle où l'individualisme abdique entre les mains des syndicats, où l'homme isolé n'est plus de taille à se défendre, l'utilité de nos groupements amicaux ne fait de doute pour personne.

Mais nos Associations elles-mêmes ne constituaient pas un organisme suffisamment puissant pour exercer une action utile, parce qu'isolée.

D'intelligentes initiatives l'ont compris et de là sont nées les Unions régionales dont le réseau puissant s'étend sur toute la France.

On ne saurait trop vanter l'importance et l'utilité de notre Union.

Nos tendances sont multiples.

Dans l'ordre moral, nous voulons sauvegarder, dans la mesure de nos moyens, le patrimoine religieux que nous ont légués nos pères, et nous cantonnant dans le domaine de l'enseignement qui est le nôtre, nous voulons que l'Etat, faute de mieux, observe scrupuleusement la neutralité qu'il a jadis promis, nous voulons que l'école s'assainisse, et que nos enfants soient certains de n'y pas rencontrer les germes d'une contamination morale ou religieuse dont nous ne connaissons que trop les funestes effets.

Pour cela, élargissant le champ de nos ambitions, nous entendons exiger la liberté pour tous, pour les catholiques comme pour les autres, de créer librement des écoles, sous le contrôle de l'Etat. Et pour que cette liberté ne soit pas un vain mot, nous entendons que toutes ces écoles soient traitées sur le même pied, qu'elles bénéficient des subsides du Trésor, au prorata du nombre de leurs élèves. C'est un minimum d'exigences que notre qualité de contribuables nous donne le droit de formuler et d'exiger impérieusement.

Nous entendons qu'aucune pression morale ne soit exercée sur les parents pour les décider à envoyer leurs enfants plutôt à l'école publique qu'à l'école privée.

Nous voulons en un mot, dans l'intérêt supérieur de la religion et de la France, l'application de la répartition proportionnelle scolaire, qui est seule capable de faire triompher nos très légitimes revendications.

Dans un ordre d'idées moins élevé, nos groupements constituent d'intéressantes œuvres d'appui mutuel et n'ont peut-être pas encore donné tout ce qu'on est en droit d'en attendre.

Sans doute nous avons créé des bureaux de placement, organisé un service de renseignements, lancé un annuaire commercial et industriel où ne figurent que nos adhérents.

C'est déjà quelque chose, mais ce n'est pas tout.

Il me semble qu'on pourrait développer l'assistance mutuelle ainsi comprise. La question a été discutée hier, j'en augure de féconds résultats.

Voyez ce que font nos adversaires : ils excellent à soutenir leurs amis, et si la franc-maçonnerie est un syndicat d'appétits elle est aussi une société d'aide mutuelle qui s'exerce surtout au bénéfice des plus déshérités de cette néfaste congrégation.

A la franc-maçonnerie noire, opposons une franc-maçonnerie blanche, et sans inutile boycottage de l'adversaire, sachons favoriser l'industriel ou le commerçant de nos amis. Réservons les places dont nous disposons à nos adhérents ou à leurs fils, ils offrent des garanties morales que n'ont pas souvent les anciens élèves des écoles publiques.

Que nos sociétaires éprouvent l'utilité et l'efficacité de notre aide, qu'ils nous soient attachés par les liens de la reconnaissance, c'est le plus sûr moyen de constituer un bloc inattaquable, de prospérer et de triompher.

Vous me direz peut-être que c'est un peu abaisser notre idéal et le ramener à une question d'intérêt. Ainsi présentée, l'objection ne porte pas. Notre idéal n'est pas diminué si pour l'atteindre nous employons des procédés honnêtes qui réalisent plus de bien-être chez ceux que nous aimons. Les intérêts matériels ne sont pas chose négligeable et c'est faire œuvre d'habileté et de sagesse que de les faire prospérer en même temps que les intérêts moraux.

Il faut bien se pénétrer de ces principes et les mettre en pratique pour assurer la prospérité de nos Amicales et de notre Union régionale.

Dieu merci, nous avons prospéré, nous voyons chaque jour venir à nous de nouvelles recrues.

De jeunes Amicales se forment, pleines d'entrain et décidées à la lutte. Qu'elles viennent grossir nos rangs, nous serons trop heureux de les accueillir. Elles puisent des éléments de vie dans les collèges qu'elles ont reconstitués. Elle ont la fougue de la jeunesse, et cette belle confiance en l'avenir qui ne se rebute pas devant les obstacles, nous ne pouvons que les envier. Je parle au nom de mes camarades de Saint-Remy.

Nous autres, hélas, nous ne nourrissons plus les vastes espoirs, car notre collège est détruit, nos vieux maîtres en exil et dans l'impossibilité de reconstituer sous une forme rajeunie la chère maison disparue, vendue, à tout jamais anéantie pour eux.

Notre Amicale va d'un pas lent mais sûr à la mort fatale. Je représente un moribond, c'est vrai, mais un moribond qui a la vie dure, puisque depuis dix ans que sont taries nos sources de recrutement, nous avons maintenu nos effectifs remplaçant par de vieilles recrues les vides que la mort cause chaque année dans nos rangs.

Nous avons donné des preuves de vitalité : nos réunions ont été suivies, et pourtant nous n'avions plus l'attrait de nous retrouver dans le cadre charmant des choses aimées, de retrouver le sourire accueillant des vieux maîtres et leur hospitalité si large et si affectueuse.

Nous sommes des exilés chez nous et des condamnés à mort, et pourtant nous nous cramponnons à la vie de toutes nos forces.

Qui sait de quoi sera fait demain ? Nous pouvons, en attendant, servir modestement la cause de l'enseignement, c'est notre raison d'être et c'est pour cela que nous resterons, courageusement debout jusqu'à la fin.

Nous avons la bonne fortune de posséder parmi nous aujourd'hui le cher frère Régis.

En lui je salue tous les vieux maîtres qui sont dispersés sur la terre d'exil.

Nous leur conservons le meilleur de notre affection et toute notre filiale reconnaissance.

Que leurs vieux cœurs se réjouissent, leur labeur n'aura pas été stérile.

La bonne semence qu'ils ont jadis jetée à pleines mains en France a rencontré souvent des terrains fertiles ; le bon grain a levé et la moisson s'annonce meilleure qu'on ne l'avait prévue. Que Dieu leur accorde de vivre assez pour pouvoir contempler la récolte, j'entends par là assister au triomphe de la cause sacrée que nous défendons.

Je bois à notre Président d'honneur Mgr l'archevêque de Besançon ;

A M. le Curé de Vesoul ;

A M. Mack, le dévoué Président de notre groupement de l'Est.

A MM. les délégués des Amicales fédérées et à la prospérité des Associations qu'ils représentent ;

Aux chefs éminents des écoles libres de notre région, aux succès de leurs efforts ;

A nos vieux maîtres exilés ;

A la vaillante presse régionale si bien représentée ici ;

A tous ceux qui ont pris part à notre Congrès ou à notre fraternel banquet.

Je bois enfin et surtout au triomphe de la répartition proportionnelle scolaire, disons le mot, au triomphe de la liberté.

Ensuite, *M. le Chanoine Leblond* accepta spontanément la charge et l'honneur d'organiser, à Malroy, le Congrès de 1914 et fort aimablement y invita tous les anciens des Amicales, dans les termes qu'on va lire :

Les deux Amicales de Besançon, celles de Dole, de Langres, de Saint-Dié, les trois Amicales de Dijon qui veulent, je ne comprends pas bien pourquoi, être désignées les dernières, me chargent de remercier en leur nom les organisateurs de notre Congrès. C'est là une tâche qui me fait beaucoup d'honneur, mais qui me met dans un singulier embarras. Je ne m'y déroberai pas, mais je me demande comment je ferai pour m'en acquitter dignement. On a ici, n'est-il pas vrai, l'impression d'être dans un de ces châteaux enchantés des légendes où tout se fait par les doigts aussi subtils qu'invisibles de bienfaisantes fées !

Dans ces conditions, je n'ose presque prononcer des noms, craignant de commettre quelque oubli regrettable. Toutefois, je ne saurais passer sous silence ceux de MM. Pinot et Bergeret que nous sommes heureux d'associer dans notre reconnaissance à ceux de MM. Mack, Deroche, lesquels dirigent notre Union d'une main si sûre avec tant de dévouement et un zèle si infatigable.

Une mention spéciale aussi est bien due au rapport si complet de M. Bergeret, véritable arsenal à l'usage de ceux qui s'appliqueront à lutter pour le triomphe de la Répartition proportionnelle scolaire, à celui si pratique de M. Pillot. Tous nous conservons l'impression profonde des paroles de M. l'Archiprêtre de Vesoul, paroles si vraies, si convaincues, si éloquentes, elles seront une semence féconde d'espoir et de persévérance.

Il me reste à vous transmettre la décision que nous avons prise de concert avec nos amis de Langres. Nous acceptons de grand cœur d'être, l'an prochain, les hôtes de l'Union. Malroy sera, si vous le voulez bien, la maison de campagne de l'Union. De Langres, vous y viendrez passer un jour de vie champêtre. Au lieu de lambris dorés, de soirées artistiques, nous vous offrirons nos murs rustiques, l'eau de la meilleure source de la Meuse et notre plus cordial accueil.

M. Bruneau, Président de l'Association de Saint-Remy Grangeneuve, prononça un toast humoristique en réponse à ce qui dans le toast de M. Bergeret avait trait à l'Association qu'il préside. Il promit l'affiliation prochaine de l'Association qu'il représente.

M. Colle, de Belfort, apporta l'adhésion toute fraîche de l'Institution Sainte-Marie.

M. le Docteur Chapoy, de Besançon, parla avec une éloquence chaleureuse de ses anciens maîtres et de la fidélité au culte du souvenir.

M. Mack, avec le tact et la grande autorité qui le distinguent, répondit aux divers orateurs et remercia, au nom de tous, les Vésuliens de leur esprit d'initiative et de leur fastueuse hospitalité.

M. Milleret, Président de l'Amicale de Gy, porta à son tour, un toast vigoureux et applaudi aux anciens maîtres et pour terminer la série des discours, M. Féjat, rédacteur en chef du *Nouvelliste de la Haute-Saône*, ancien élève des Frères, lui aussi, sut trouver dans son âme ardente les mots qu'il faut pour caractériser le rôle élevé de la presse dans la lutte actuelle des idées, assurant (il a tenu parole et nous l'en remercions) que les colonnes de son journal seraient largement ouvertes aux congressistes pour faire pénétrer en Haute-Saône les idées qui leur sont chères et en assurer le triomphe.

EXCURSION AU THILLOT

Le lendemain, une quinzaine de congressistes, sous la conduite de M. Anselme Pinot, Président de l'Union des Touristes Saônois, Mizony, secrétaire et Maurice Pinot, firent une charmante excursion au Thillot.

Favorisés par un temps splendide, ils purent admirer à leur aise, du haut de Notre-Dame des Neiges, l'admirable panorama de la vallée de la Moselle et furent parfaitement accueillis et traités, par MM. Abel Saillet et Victor Antoine, tous deux anciens élèves de Saint-Remy.

Et c'est sur une impression de gaîté que se séparent les derniers congressistes avec la conscience d'avoir enchâssé de bonne et féconde besogne dans le cadre toujours exquis des réunions de vieux camarades.

E. B.

www.ingramcontent.com/pod-product-compliance
Lightning Source LLC
LaVergne TN
LVHW020946090426
835512LV00009B/1724